KB235935

우리 아이

공부의 달인

만들기

자기주도 시험공략법

우리 아이

만들기

자기주도 시험공략법

전도근 저

학교 하면 공부가 떠오르고, 공부 하면 시험이 떠오르듯이 공부와 시험은 따로 떼어서 생각할 수 없을 것이다. 모 일간지에서 학생들에게 시험에 대해서 자유롭게 글을 쓰라고 했더니 70% 이상이 시험 없는 세상에서 살고 싶다고 표현했다. 그만큼 학생들에게 시험은 정신적 부담을 크게 한다는 것을 의미한다. 그 이유는 자신의 성적이 노출된다는 부담 때문이기도 하지만, 무엇보다 시험을 잘 못 볼 수도 있다는 불안감 때문이라고 생각한다. 시험이 자신의 실력을 단순히 측정하는 것으로 끝난다면 큰 문제가 되지 않겠지만, 그 결과가 부모나 선생님, 친구들에게 자신을 판단하는 기준으로 작용하기 때문에 부담이 될 수밖에 없다.

필자는 26년간 학교 현장에서 초·중·고등학생, 대학생, 대학원생을 가르치면서 수많은 시험 문제를 출제해 보았다. 때로는 어렵게, 때로는 쉽게 출제하면서 학생들의 반응을 점검해 본 결과 공부를 잘하는 학생은 시험이 쉽든 어렵든 성적의 변화가 별로 없었지만, 공부를 못하는 학생은 성적의 변화가 컸다. 그 원인을 하나하나 분석해 보니 학생마다 갖고 있는 시험 대비 공부전략에 차이가 있고, 또한 초등학교, 중학교, 고등학교에 따라서 시험공부 전략에도 차이가 있는 것으로 나타났다.

　그러나 이러한 시험공부 전략을 가지고 시험에 대비하는 학생보다는 무작정 시험공부를 하는 학생이 더 많았다. 왜냐하면 학생들이 학교나 가정에서 시험에 대비해 어떻게 공부해야 하는지, 시험을 어떻게 보아야 하는지, 시험을 어떻게 관리해야 하는지에 대한 지도나 교육을 받은 적이 없기 때문이다. 이러한 상황에서 학생들은 자연스럽게 자신의 체험을 바탕으로 나름대로의 시험전략을 만들어 갔던 것이다. 올바른 시험전략을 스스로 터득하여 시험공부를 한 학생은 좋은 성적을 계속 얻을 수 있었지만, 올바른 시험전략이 마련되어 있지 않은 채 무작정 시험공부를 한 학생은 좋은 성적을 얻지 못하였다.

　따라서 학생들에게 시험공부를 하는 방법이나 시험을 잘 볼 수 있는 전략을 알려 주는 것은 무엇보다 중요하다. 이 책은 필자의 학교 근무 경험과 현직 교사의 심층 인터뷰를 바탕으로 학생들이 꼭 알아야 할 시험공부 방법과 전략을 소개하고 있다. 고득점을 위한 올바른 시험공부 방법을 실례를 통해 알려 주며, 시험공부 방법의 길잡이가 될 수 있도록 시험문제 출제방법, 과목별 시험공부 방법, 시험에서 실수를 줄이는 방법, 시험 준비 방법 등 실제 현장에서 바로 적용할 수 있는 내용으로 구성하였다.

이 책의 궁극적 목표는 학생들이 시험에서 우수한 성적을 얻어 학교생활에 자신감을 얻고, 원하는 대학에 진학할 수 있는 노하우를 제공하는 데 있다. 이 책이 자녀의 성적 향상 방법을 찾기 위해 항상 고민하고 있는 학부모에게 조금이나마 도움이 되는 안내서가 되길 바란다.

2011년 4월
저자 전도근 드림

01

시험을 알면
공부방법이 보인다

01 시험을 알면 공부방법이 보인다

우리에게 시험이란 지식 수준이나 기술의 숙달 정도를 검증하는 것이라고 생각되기 쉽다. 그러나 좀 더 포괄적으로 생각해 보면 우리의 인생이 모두 시험이고 우리가 이룬 사회는 기대한 시험장이라고 할 수 있을 것이나. 우리는 태어나서부터 죽을 때까지 시험이라는 굴레에서 자유로울 수 없다. 그러나 시험이 과연 무엇인지 알고 보는 사람보다 어쩔 수 없이 치러야 할 관문 정도로 인식하는 사람이 더 많다. 이렇게 시험의 개념이나 목적을 모르고 시험을 봐야 한다면 시험은 분명 고통스러운 통과의식일 것이다. 그리고 시험을 치기 위해서 하는 공부는 지겨울 것이다.

전쟁에서 적을 정확히 알면 승리할 수 있듯이, 시험에서도 시험의 개념과 목적, 특성을 알면 정답을 발견할 수 있다.

평가 개념
고사 목적
특성

시험을 알면 공부방법이 보인다.

🖋 시험, 넌 도대체 뭐니

시험(試驗, examination)이란 학습자가 가지고 있는 지식과 문제 해결력을 측정하는 것으로 '고사' '평가'라고도 부른다. 그래서 흔히 중간고사, 모의고사, 학습능력 평가 등으로 쓰이고 있다. 시험은 일정 기간의 학습활동이 끝날 때나 사람을 선발할 때 사용한다. 시험은 공부한 결과를 점검하는 기능도 가지고 있지만 교육의 방향과 내용을 결정하는 기능을 더 많이 가지고 있다.

공부와 시험을 따로 떼어서 생각할 수 있을까? 만약 시험이 없다면 공부하는 학생은 얼마나 될까? 아마 거의 모든 학생이 공부에 대한 긴장을 잃을 것이고, 사회생활을 위한 지적 성장도 할 수 없을 것이다. 마치 시합 없이 훈련만 하는 운동선수가 실력이 향상될 수 없듯이 말이다.

공부는 단순히 학습하는 행위에서 끝나는 것이 아니라, 평가를 통해 완성된다고 볼 수 있다. 즉, 시험은 공부의 대미를 장식할 중요한 부분이다. 사실 시험이 즐겁고 유쾌한 사람은 거의 없을 것이다. 하지만 시험이 없다면 내가 무엇을 어느 정도 알고 있으며 얼마만큼 목표를 달성했는지 알 수가 없다.

오랫동안 시험은 선발을 위한 수단이 되어 왔다. 그래서 학생들이 어떤 집단에서 '몇 등을 하는가'에 관심이 치중되어 왔다. 다시 말하면, 한 학생이 한 집단 내에서 차지하는 상대적 위치에만 관심을 가져온 것이다.

오늘날 시험의 기능은 더욱 확대되어 공부한 내용에 대한 성취도 확인, 자격부여, 경쟁 유발, 선발, 목표 실정, 미래 학습을 위한 점검, 교육의 질 향상, 학교 간 비교 등에 사용되고 있다. 반면에 시험은 주로 암기력을 테스트하고, 교육과정의 일부분만을 다루고, 시험 공부에 집중하게 하여 정상적 공부 습관을 약화시키고, 위화감을 조성하는 역기능도 가진다.

시험이 교육활동이란 목표를 지향하는 활동이기에 그 목적은 학생이 몇 점을 받았고 몇 등을 했는가의 상대적 위치가 아니라 목표에 도달했는지의 여부가 평가되어야 한다. 예를 들어, 어떤 학생이 1등을 했다 하더라도 목표에 도달하지 못했다면 그 공부는 효과기 없는 것이며, 어떤 학생이 꼴찌를 했다 하더라도 목표에 도달했다면 그 공부는 효과가 있는 것이다. 즉, 시험의 이상(理想)은 전원을 목표에 도달시키는 것이며, 시험이란 학생 개개인이 집단 내에서 어떤 위치에 있는가를 알려고 하는 것이 아니라 정해진 목표에 얼마나 도달했는가를 알려고 하는 것이다.

시험은 학습량이 증가할수록, 사회가 발달할수록, 그리고 경쟁률이 높을수록 많아진다. 앞으로의 사회는 점차 학습에 대한 중요성이 강조될 것이고, 성공의 문턱이 높아질 것이기 때문에 시험의 기회는 더욱 증가하게 될 것이다. 따라서 시험은 어차피 피할 수 없는 제도이므로 그에 대해서 스트레스를 받기보다, 시험을 통해서 인생이 바뀌고 대우가 달라지고 운명이 바뀐다는 생각에서 즐기도록 해야 할 것이다.

시험공부에는 원리가 있다

서점에 가면 공부나 학습 관련 책이 즐비하다. 공부와 관련된 책들은 공부 잘하는 법, 공부 잘하는 기술, 공부 비결을 넘어서 공부전략까지 다루고 있다. 이러한 책들은 마치 읽기만 하면 공부를 잘하는 것은 물론 시험도 잘 볼 수 있다는 듯 나름의 비결을 제시하고 있다. 더 나아가 영재교육 관련 책들은 아이를 어려서부터 천재로 만들려는 부모의 욕심과 절박함을 자극하고 있다.

공부방법에 대한 관심이 높아짐에 따라 지금까지 밝혀진 학습방법은 수없이 많다. 그동안 전뇌학습법, 마인드맵 학습법, 속독학습법, 체질별 학습법, 혈액형별 학습법, NIE 학습법 등 무수한 공부방법이 유행처럼 나타났다가 사라졌다. 이러한 공부방법들은 학습내용을 기술적으로 암기하는 방법에 비중을 두고 있다. 어느 날 매스컴에서 어떤 학습법이 효과가 있다고 하면 유행처럼 번졌다가 실행해 보니 효과가 없어서 폐기되는 경우도 많다. 다양한 학습법으로 인해 학부모들은 그 선택에 혼란을 겪고 있다.

게임이나 스포츠를 제대로 하거나 즐기려면 규칙을 제대로 알아야 하듯이, 시험을 잘 보기 위해서는 바로 시험공부 방법이 필요하다. 바꿔 말하면, 시험공부 방법을 모르고 하는 공부는 규칙을 모르고 참여하는 게임이나 스포츠와 다를 바 없다. 게임이나 스포츠에서 규칙을 모르고 참여하면 실격을 당하거나 승리하지 못하듯이, 시험공부 방법을 모르고 하는 공부는 잘될 수도 없을뿐더러 높은 성적을 받을 수도 없다.

교사나 학부모 중에는 높은 성적을 받으려면 무조건 열심히 공부해야 할 뿐 특별한 방법이 있는 것이 아니라는 편견을 가진 사람이 의외로 많다. 시험공부 방법의 존재나 중요성을 모르는 교사나 학부모들에게 지도를 받는 학생들은 시험공부 방법이 무엇인지, 또 어떻게 공부해야 높은 성적을 받는지 알 수가 없다. 학생들에게 시험공부 방법을 가르쳐 주지 않고 무조건 공부하라고 내모는 것은 군에 갓 입대한 군인에게 총 쏘는 방법은 알려 주지 않은 채 총을 주면서 전쟁터로 보내는 것과 다를 바 없다. 총을 가지고는 있지만 쏠 줄 모르는 병사는 전쟁이 두려울 것이다. 마찬가지로 시험공부 방법도 제대로 알려 주지 않고 오직 공부만 하라고 한다면, 학생은 오히려 공부에 대한 반감과 스트레스가 생겨 시험에 대한 부정적 의식만 갖게 될 뿐이다.

시험공부 방법은 기술적인 부분도 중요하지만 시험의 원리를 일려 주는 것도 중요하다. 예를 들면, 시험의 목적과 시험출제 원칙,

출제자의 의도는 시험의 원리이며, 시험을 잘 보는 방법, 시험공부 계획, 시험시간 관리 등은 시험의 기술적인 면이다.

🖐 시험공부에도 공식이 있다

학부모들이 가장 고민하는 것은 자녀가 '공부를 얼마나 하느냐?' 보다는 '시험을 어떻게 잘 보게 할까?'일 것이다. 현실적으로 공부도 시험을 잘 보기 위한 방편으로 하는 것이기 때문이다. 그런데 공부를 많이 했음에도 시험을 잘 못 보는 경우가 있는 것을 보면 시험을 보는 것에도 방법이 있음을 알 수 있다.

학생들은 시험 결과를 받고 나서 '정말 노력은 많이 했는데 결과가 좋지 않다.'는 표현을 한다. 그러나 최선의 결과를 얻기 위해서는 최선의 방법이 뒷받침되어야 한다. 여기서 최선의 방법이란 바로 시험공부 방법을 말한다.

시험을 잘 보기 위해서는 공부한 양만 중요한 게 아니며 오랫동안 기억할 수 있는 암기력과 시험문제를 잘 풀 수 있는 문제 해결력이 필요하다. 이를 근거로 공식을 만들어 보면 다음과 같다.

시험 성적 = 공부한 양 × 암기력 × 문제 해결력

이처럼 시험 성적은 공부한 양, 암기력, 문제 해결력이 상호 연결되어 있기 때문에 그중 하나만 잘한다고 되는 것이 아니라 다른 요소들이 골고루 뒷받침해 주어야 한다. 즉, 시험공부에서는 공부량이 많아야 하지만 암기력과 문제 해결력도 뒷받침되어야 한다.

문제를 출제해 보면 정답이 보인다

　시험공부를 효과적으로 하기 위해서는 출제자의 의도를 파악하는 것이 중요하다. 출제자의 의도를 정확히 파악한다면 시험에 나올 부분만 골라서 공부할 수 있으며, 아무리 시험문제를 꼬아서 출제했다 하더라도 정답을 찾아내는 능력이 생긴다.

　출제자의 의도를 파악하는 방법은 시험문제 출제자의 취향이나 습관이 무엇인지를 아는 것에서부터 시작된다. 예를 들면, 출제자가 문제 유형 중에 객관식보다 주관식을 좋아하면 주관식 문제를 더 많이 낼 것이다. 그리고 문제 영역 중에서도 지식보다는 이해력이나 응용력을 중요시하면 암기한 내용을 단순히 확인하는 문제보다 이해력이나 응용력을 요구하는 문제를 더 많이 출제할 것이다.

출제자의 의도를 안 후에는 그것을 객관화하는 것이 필요하다. 객관화하는 방법으로 가장 효과적인 것은 스스로 문제를 출제해 보는 것이다. 스스로 문제를 출제하라고 하면 '내가 감히 어떻게 문제를 출제할 수 있느냐?'라고 반문하겠지만, 시작이 어려울 뿐 습관이 되면 어떤 문제도 쉽게 출제할 수 있다. 우리가 학생일 때 시험 보기 전에 친구와 짝이 되어서 예상문제를 만들어 질문하고 답하던 경험이 있을 것이다. 이러한 경험은 기억에 오래 남아서 시험 보는 데 많은 도움이 되었을 것이다. 그런데 특이하게도 이 경우 문제를 맞힌 친구만 그것을 오래 기억하는 것이 아니라 문제를 만들어 물어본 친구도 오래 기억하게 된다. 이처럼 우리가 무엇을 기억할 때 가장 좋은 방법은 무조건 암기하는 것이 아니라 문제를 만들어 물어보고 맞히는 것이다. 왜냐하면 스스로 하는 공부보다 문제를 만들거나 맞히며 하는 공부가 능동적인 공부 경험을 제공하기 때문

이다.

실제로 학교 현장에서는 학생들에게 문제를 만들어 오도록 숙제를 내는 교사도 있다. 누가 시키지 않더라도 시험을 잘 보기 위해서는 자신이 공부한 시험 범위 안에서 50개 정도의 문제를 만들어 보면 좋다. 문제를 만드는 과정에는 종합적 사고력이 필요하기에 완전한 이해와 함께 그 문제가 기억에 오래 남게 된다. 뿐만 아니라 자신이 만든 문제가 출제되는 행운을 경험할 수도 있다.

실제로 한 반의 학생들을 둘로 나누어 한 집단은 스스로 문제를 만들어 공부하게 하고 다른 한 집단은 원래 방식대로 공부하게 하고 나서 시험을 보게 한 결과, 스스로 문제를 만들어 공부한 학생들의 평균 점수가 원래 방식대로 공부한 학생들보다 10점 정도 더 높게 나왔다.

처음에는 문제를 출제하는 것이 습관화되지 않아 어려움이 따를 것이다. 그러나 다음과 같은 순서로 진행하면 문제를 출제하는 것이 쉬워질 뿐만 아니라 습관이 될 것이다.

■ 스스로 문제를 출제하는 방법

- 처음에는 습관화되어 있지 않으니 시험 범위의 내용을 대강 읽어 보고 주관식 문제를 출제한다.
- 객관식 문제는 문제지나 참고서를 보고 비슷하게 만든다.
- 참고서를 보지 않고도 문제를 만들 수 있으면 직접 만든다.

▣ 스스로 만든 문제를 평가한다

- 자신이 만든 문제를 풀어 본다.
- 시험을 본 후에는 자신이 만든 문제와 시험에서 출제된 문제의 차이가 무엇인지를 비교 · 분석한다.
- 시험의 유형과 영역들을 분류하여 출제자의 의도를 파악한다.
- 다음 시험에서는 출제 경향이나 출제자의 의도를 반영하여 문제를 만들어 본다.

시험이 어렵다고 하면 사고력을 높여 주라

공부는 충분히 했는데 시험지만 받으면 어렵다고 생각하는 학생들이 많다. 시험이 어렵다고 생각하는 것은 시험이 암기한 것만을 묻는 것이 아니라 종합적인 사고력을 요하는 것이 많기 때문이다. 그래서 높은 성적을 받기 위해서는 사고력 훈련이 절실하다. 더욱이 7차 교육과정에서 요구하는 학생중심 교육과정이 성공적으로 이루어지기 위해서는 학생들의 사고력 향상이 필수라고 하겠다. 사고력에는 판단력, 추리력, 기억력, 집중력, 창의력, 문제 해결력, 논리력, 비판력, 탐구력 등이 있다. 따라서 사고력의 향상은 어느 한 부분만 높인다고 되는 것이 아니며 종합적으로 어우러져 하나가 되었을 때 극대화될 수 있다. 이를 무시한 채 다양한 사고력 중에서 어느하나만을 높이려고 한다면, 다른 한쪽은 부족해지기가 쉽다. 그렇기에 종합적인 사고력을 높여야 하겠다.

사고력(思考力)이란 한마디로 생각하는 힘을 말한다. 즉, 어떤 상황이 발생하면 바로 집중하여, 비교·분석하며 추리 및 판단하는 것을 말한다. 따라서 사고의 과정은 외부의 자극에 대해서 복잡하게 작용한다.

'생각하는 것도 능력인가?'라고 생각할지 모르겠다. 하지만 우리가 하는 모든 행동과 결정은 사고를 바탕으로 한다. 그래서 사고력이 높으면 판단을 잘 하기에 하는 일마다 잘 되지만, 사고력이 낮으면 그만큼 하는 일이 잘 안 된다. 특히, 시험은 사고력을 테스트하는 것과 같기 때문에 공부를 잘하기 위해서는 사고력을 높여야 한다.

■ 사고력이 필요한 이유

사고력이 필요한 이유는 다음과 같다.

- 목표에 이르는 방법을 찾게 해 준다. 사고력은 목표에 도달하기 위해서 선택해야 할 것들 중 좋은 것을 선택하는 능력을 갖게 해 준다.
- 문제를 잘 해결하게 해 준다. 사고력은 문제가 생겼을 때 문제에 대처하는 힘이나 문제를 해결할 수 있는 방법을 알려 준다.
- 문제를 정확히 보는 눈을 갖게 해 준다. 사고력은 문제의 외면만을 보는 것이 아니라 내면적으로 의미나 본질을 보는 능력을 갖게 해 준다.
- 틀리는 것을 줄여 준다. 사고력은 경험을 통해서 문제를 틀리게 푸는 것을 줄여 준다.
- 공부를 효과적으로 하는 데 큰 도움을 준다. 사고력은 공부하는

데 도움을 주는 추리력, 기억력, 집중력, 창의력, 문제 해결력, 논리력, 비판력 등을 길러 준다.

▣ 사고력의 종류

사고력에는 판단력, 추리력, 기억력, 집중력, 창의력, 문제 해결력, 논리력, 비판력, 탐구력 등이 있다.

- 판단력: 옳고 그름이나 좋고 나쁨을 판단하는 능력
- 추리력: 몇 가지 사실을 바탕으로 특별한 사건이나 상황이 앞으로 어떻게 진행될지 미리 짐작하는 능력
- 기억력(암기력): 이전의 인상이나 경험을 의식 속에 간직해 두는 능력
- 집중력: 한 가지 일에 몰두하는 능력
- 창의력: 새로운 것을 생각해 내는 능력
- 문제 해결력: 어떠한 문제가 생겼을 때 그것을 해결할 수 있는 능력
- 논리력: 말이나 글에서 생각이나 추리 따위를 이치에 맞게 표현하는 능력
- 비판력: 사물의 옳고 그름을 가리어 판단할 수 있는 능력
- 탐구력: 진리나 학문 따위를 깊이 파고들어 연구하는 능력

아는 문제도 어렵다고 하면 문제 해결력을 높여 주라

공부를 많이 해서 아는 것은 많은데 시험지만 받으면 정답을 찾지 못해서 고생하는 경우는 문제 해결력이 부족하기 때문이다. 과거의 시험이 주로 암기력을 테스트하는 것이었다면 지금은 문제 해결력을 요하는 문제들이 더 많이 출제되고 있다. 또한 수능시험에서도 문제 해결력이 높아야만 해결할 수 있는 문제들이 출제되고 있다.

앞서 설명했듯이, 문제 해결력은 어떠한 문제가 생겼을 때 그것을 해결할 수 있는 능력을 말한다. 결국 문제 해결력은 이미 배워서 익숙해진 반응 양식에서 해결을 위해 노력하는 것을 말한다. 시험문제를 잘 풀기 위해서는 문제가 무엇을 원하는지 파악하고, 어떠한 행동이 유효한지, 즉 어떻게 하면 목표에 이를 수 있는지 수단과 방법을 찾아내는 것을 말한다.

문제 해결력은 사람의 지적 수준, 경험, 문제의 난이도, 실패의 정도, 장면의 익숙함 정도 등이 관련되기 때문에 사람마다 다르나, 선천적이기보다는 후천적이기에 충분한 연습을 통해서 향상시킬 수 있다. 시험에서 문제 해결력은 학습자가 스스로 문제를 풀어 나가는 것이므로 시험 성적을 높이는 데 꼭 필요한 것이다.

■ 문제 해결 방법

시행착오
여러 가지 시도를 해 보는 동안 여러 번의 실패 속에서 해결 방법을 깨닫는 것을 말한다. 다시 말해, 어떤 경험을 얻고자 하는 과정에서의 실패를 인식함으로써 완전한 경험에 이르는 지식을 얻게 되는 것을 말한다.

통찰

문제가 생겼을 때 주변 상황을 보고 문제를 단숨에 해결하는 것을 말한다. 통찰은 문제를 바라보는 데 그치는 것이 아니라 문제를 해결하는 직접적인 과정이다. 따라서 문제에 대한 끊임없는 관심과 주의력, 전문적인 지식이 합쳐져서 비약적인 발전을 이루게 된다. 그리하여 통찰은 창의력과 상상력의 근간이 되는 강력한 힘이 된다.

■ 문제 해결력을 높이는 방법

작은 일부터 스스로 하게 한다

부모에 대한 의존력이 강한 학생일수록 스스로 해결하기보다 부모에게 의지하기 때문에 문제 해결력이 생기지 않는다. 따라서 문제 해결력을 높이기 위해서는 독립적으로 사고하고 행동하게 해야 한다. 예를 들어, 아이에게 신발을 스스로 신게 한다든지, 가방을 제자리에 놓게 한다든지, 옷을 걸어 놓게 하는 것이다. 이런 작은 시도들이 모이면 문제 발생 시 스스로 해결하는 능력을 갖게 해 준다.

사물 혹은 사건을 관찰하는 습관을 갖게 한다

작은 사물이나 소소한 사건 하나를 보더라도 제대로 관찰하고 깊이 생각할 수 있게 해 준다.

칭찬을 자주 한다

칭찬은 문제를 해결하고 싶은 마음을 갖게 하는 데 있어 중요하다. 문제를 해결할 때 칭찬을 해 주면 자신감이 생기고, 이러한 자신감은 문제를 끝까지 해결하는 습관을 구축해 준다.

문제 해결을 실패해도 격려한다

학생이 문제를 올바로 해결하지 못했을 때 꾸지람을 한다면 문제 해결에 대한 도전을 쉽게 포기하므로 격려를 통해서 지속적으로 도전하게끔 해야 한다.

모르는 문제는 알 때까지 질문을 하게 한다

모르는 문제가 생겼을 때 질문하지 않으면 그것으로 끝나지만, 질문을 통해서 문제를 해결해 나가면 그 경험이 누적되어 다음 문제를 해결하는 데 도움이 된다.

호기심을 길러 준다

공부를 잘하는 학생들의 특징 중 하나는 호기심이다. 문제를 해결하는 과정에서도 호기심을 갖지 못하면 중도에 포기하기 쉽다. 그러나 호기심이 있으면 문제를 계속 풀고 싶은 욕구가 생긴다.

도전하고 싶은 마음을 일으킨다

문제가 생기면 해결해야겠다는 도전심이 있어야 문제 해결력이 증가한다. 따라서 도전하고 싶은 마음이 들도록 학생의 수준에 맞는 도전 과제를 주어야 한다. 그리고 그 과제에 도전했을 때 칭찬을 해 주고, 포기하려고 하면 격려를 통해서 끝까지 도전하게 한다.

정답 대신 실마리를 준다

학생이 문제를 해결하지 못한다고 해서 정답을 미리 제공하면 쉽게 포기하게 만들 수 있다. 따라서 학생이 문제를 해결하는 과정에서 힘들어하는 부분을 찾아서 실마리를 제공해 주는 것은 문제 해결을 끝까지 유도하는 데 효과적이다.

🖌 성적표를 어떻게 읽을까

점수와 반 석차 그리고 전체 석차만 제시했던 예전의 성적표는 누구나 쉽게 읽을 수 있었다. 그러나 요즘의 성적표에는 석차뿐만 아니라 석차등급, 지필평가 및 수행평가 점수도 같이 제시된다. 따라서 학부모들은 어떤 항목이 무엇을 나타내는지 잘 모르는 경우가 있다. 성적표를 정확히 읽지 못하고서는 자녀의 성적이 어느 정도인지를 가늠하기가 어렵다. 이에 여기에서는 자녀의 성적표를 읽는 방법을 살펴본다.

성적표 양식은 학교마다 차이가 있지만 일반적인 것은 다음에 제시된 것과 같다. 이 성적통지표에서 홍길동 학생의 합계는 지필평가 및 수행평가의 반영 비율로 받은 점수를 합친 것이다. 학교에 따라서 수행평가를 중간고사에 포함시키는 학교도 있고 기말에만 반영하는 학교도 있다. 합계는 소수 셋째 자리에서 반올림하여 둘째 자리까지 기록하며, 이를 이용하여 석차와 석차등급을 구한다.

성적통지표*

2010학년도   2학년 1학기 말   6반   1번

이름: 홍길동

담임교사 김○○(인)

과목	지필/수행	교사/영역명(반영비율)	만점	점수	합계**	성취도	석차/재적 수**
국어	지필	1회 고사(35.0%)	100.0	29.0			
	지필	2회 고사(35.0%)	100.0	41.0			
	수행	독서 포트폴리오(10.0%)	10.0	6.0	42.5000	가	200 / 238
	수행	사전(일람) 읽기노트(10.0%)	10.0	6.0			
	수행	학습태도 평가(10.0%)	10.0	6.0			
도덕	지필	1회 고사(40.0%)	100.0	31.0			
	지필	2회 고사(40.0%)	100.0	30.0	38.4000	가	194 / 238
	수행	포트폴리오(10.0%)	10.0	6.0			
	수행	발표(10.0%)	10.0	8.0			
미술	지필	2회 고사(30.0%)	100.0	71.0	79.3000	보통	/
	수행	표현1(30.0%)	30.0	21.0			
	수행	표현2(30.0%)	30.0	27.0			
	수행	태도1(10.0%)	10.0	10.0			
영어	지필	1회 고사(40.0%)	100.0	21.0			
	지필	2회 고사(40.0%)	100.0	17.0	30.2000	가	199(2) / 238
	수행	듣기(10.0%)	10.0	7.0			
	수행	쓰기(10.0%)	10.0	8.0			

* 일부 성적만 나타낸 것임.

** 성적통지표의 '합계' '석차/재적 수' 란은 '석차등급'을 산정한 근거를 참고로 보여 주기 위한 것으로 학교 생활기록부에는 없다. 석차등급은 석차등급산출표에 의해서 상급 학교에 입학할 때만 적용하므로 성적통지표에는 석차등급이 없다.

02

시험출제 원칙을 알아야
시험전략을 세울 수 있다

- 시험만으로 성적이 결정되는 것은 아니다
- 문항작성 요령에 주목하라
- 주관식과 객관식의 비율은 3 : 7을 유지한다
- 시험문제는 배운 내용에서만 출제된다
- 문제 영역을 주목하라
- 전년도 기출문제는 똑같이 출제될 수는 없으나 변형은 가능하다
- 부정적인 문제는 되도록 출제하지 않는다
- 문제의 앞부분을 주목하라

02 시험출제 원칙을 알아야 시험전략을 세울 수 있다

새 로운 곳으로 여행을 가려 할 때는 인터넷을 통해서 여행지의 위치나 가는 방법, 주위에 가 볼 만한 곳 등을 미리 조사해야 한다. 마찬가지로 시험을 잘 보기 위해서도 먼저 시험의 과목별 출제 원칙이 어떤가를 알아야 한다. 시험출제 원칙은 시험을 출제할 때마다 기준이 되는 원칙을 말한다. 시험공부 과정에서 어느 것도 소홀히 할 수는 없지만, 우선 출제 원칙을 알아야만 시험을 잘 볼 수 있다. 출제 원칙을 기준으로 과목마다 공부방법을 선택하고 시험계획표를 작성하여 계획대로 공부했을 때 원하는 결과를 얻을 수 있다. 시험출제 원칙을 모르고 시험에 나오지 않는 것만 공부하여 열심히 공부는 했는데 결과는 좋지 않게 나온 경험이 있을 것이다. 따라서 시험에서 고득점을 얻기 위해서는 시험출제 원칙을 정확하게 아는 것이 중요하다.

일명 '족집게 강사'라고 불리는 사람들은 학생들에게 시험에 나올 가능성이 높은 문제를 많이 알려 준다. 이것은 오랫동안 해당 과목을 가르쳐 본 경험에 의해 어느 정도의 출제 원칙을 알고 있고, 무엇이 중요한지를 알기 때문에 가능한 것이다.

모든 교사는 문제를 임의적으로 출제하는 것이 아니라 일정한 원칙을 가지고 출제한다. 초·중·고등학교의 내신시험 출제 원칙은 각 시·도 교육청마다 차이가 있지만 일반적인 원칙을 가지고 있다. 올바른 시험전략을 세우기 위해 학생들이 알아두어야 할 시험출제 원칙에는 어떠한 것들이 있는지 살펴보기로 하자.

시험만으로 성적이 결정되는 것은 아니다

학생들에 대한 평가는 매우 다양하지만 평가의 목적 및 학습과정에 따라 크게 진단평가, 형성평가, 총괄평가, 수행평가로 나눌 수 있다. 평가 중에서 우리가 시험이라고 하는 것은 통상 총괄평가를 말한다. 그러나 학교 성적에 반영되는 것은 총괄평가인 시험만이 아니다. 수행평가도 성적에 반영되며, 교사에 따라서는 형성평가가 평소 성적에 반영되기도 한다. 따라서 어떤 학생이 시험을 잘 보았다고 해도 전체 성적이 떨어질 수 있는 것은 형성평가나 수행평가 점수가 낮기 때문이다. 그러므로 성적을 높이기 위해서는 시험을 잘 보는 것도 중요하지만 다양한 평가방법에 대해서 알고 대처하는 것이 중요하다. 구체적으로 평가방법을 살펴보면 다음과 같다.

◼ 진단평가

진단평가는 강의가 시작되기 전에 학생들의 선수학습 정도, 학습 결손 유무, 그리고 흥미・적성・동기 등과 같은 심리적인 특성을 알아보고, 그에 따라 알맞은 교재를 선택하거나 효과적인 강의 절차와 방법을 모색하는 데 그 목적이 있다. 따라서 강의계획서나 학습지도 안을 작성할 때는 학생의 특성이 반영될 수 있도록 진단평가를 사용한다.

◼ 형성평가

형성평가는 강의가 진행되는 과정 중에 학습자들이 학습목표 달성을 위해 학습의 진전을 보이고 있는지를 평가하는 활동을 말한다. 형성평가 시 교사는 학생들에게 평가 결과에 대한 적절한 피드백을 제공해야 하며, 평가 결과를 교육과정 및 강의방법 개선에 사용해야 한다. 대개 쪽지시험이 형성평가의 한 방법으로 사용된다.

◼ 총괄평가

총괄평가는 일정 학습기간이 지난 후, 예를 들어 한 학기 강의가 모두 끝난 후 학생들이 그동안의 학습내용을 어느 정도 성취했는가를 전체적으로 판정하기 위한 평가활동에 사용된다. 총괄평가는 통상적으로 월말고사, 기말고사, 학년말고사, 모의시험 등으로 불리기도 한다.

▣ 수행평가

수행평가는 학생들이 교과의 개념을 진정으로 이해하고 문제 상황이 주어졌을 때 실제적으로 문제를 해결할 수 있는지를 평가하기 위하여 만들어지는 과제를 말한다. 수행평가에서는 학생이 실제적 수행과정을 통하여 문제를 해결하고 구체적인 결과를 산출하는 능력을 평가한다. 수행평가에 사용되는 과제는 다음과 같다.

- 수행과제는 학생이 수업에서 배운 내용과 비슷한 내용의 과제 여야 한다.
- 수행과제는 단순한 탐구기술을 확인하는 것이 아니라 복잡한 탐구기술을 사용할 수 있는지를 평가하는 것이어야 하며, 지식 의 종합적 사용능력을 요구하는 것이어야 한다.
- 수행과제는 대부분 강의에서 배운 개념이나 원리를 얼마나 잘 이해하고 실제 사례에 적용할 수 있는가를 평가하는 것으로 구 성되어야 한다.

문항작성 요령에 주목하라

교사들은 시험문제를 작성할 때 나름의 문항작성 요령을 가지고 있다. 문항작성 요령은 문제를 출제할 때의 원칙으로, 문제 출제 시 해서는 안 될 사항과 출제하는 방법을 정한 것이다. 교사들은 근무하고 있는 학교에서 문항작성 요령에 대한 연수를 받기도 하고, 또 특정한 문항작성 요령을 가지고 있는 학교도 많다. 따라서 일반적으로 사용되는 문항작성 요령을 보면 시험공부를 어떻게 해야 하는지를 예상할 수 있다. 학교 현장에서 사용되는 몇 가지 문항작성 요령은 다음과 같다.

- 문항을 작성할 때는 가능한 한 간결하고 그 뜻이 명백하게 표현되어야 한다. 모든 응시자가 동일하게 해석 또는 이해할 수 있어야 한다.
- 문항에 쓰이는 문장은 잘 다듬어야 하며, 답을 찾아내는 데 꼭 필요한 말만 골라서 간결하게 표현하고 이해하기 쉽게 기술하여야 한다.
- 정답을 찾아내는 데 필요한 조건은 모두 제공해 주어야 하며, '거의' '대개' '어느 정도' '좀' '약간' '많다' '적다' '흔하다' 등의 명확한 의미를 갖지 않는 용어는 피해야 한다.
- 지나치게 세부적이고 특수한 사실을 다룬 문항은 삼가야 한다.
- 문항 속에 불필요한 말이나 허위 사실을 끼워 넣지 않도록 한다.

주관식과 객관식의 비율은 3:7을 유지한다

시험을 출제할 때는 평가의 변별력을 높이기 위하여 주관식과 객관식의 비율을 3:7로 유지하도록 되어 있다. 객관식은 보통 지문 중에서 고르는 선다형으로만 알려져 있는데, O·X 문제, 완성형 문제, 상호연결 문제 등도 객관식에 포함된다. 주관식은 통상적으로 짧은 단답형 답을 요구하는 문제를 말하나, 요즘에는 서술형, 논술형 문제들의 비중이 커지고 있다.

정답을 찾는 데 요구되는 능력은 내용과 관계없이 주어진 유형에 따라 다르다. 가장 많이 사용되는 일반적인 유형은 선다형 객관식과 단답형 주관식이다. 각각은 상이한 장단점들을 가지고 있고, 어느 것을 사용하느냐는 개인에 따라 또는 과목의 특성에 따라 다르다. 객관식과 주관식 문제의 장단점을 보면 다음과 같다.

▣ 객관식 문제

일반적으로 잘 고안된 선다형의 객관식 문제는 단답형의 주관식 문제보다 더 타당하고 신뢰성이 있다. 이는 선다형으로 했을 때 문제를 훨씬 쉽게 만들 수 있어, 보다 광범위하고 많은 문제를 다룰 수 있고, 학습자들의 수준을 구분하는 것이 쉽고 채점의 일관성이 보장되기 때문이다.

그러나 객관식 문제는 사실의 암기만을 요구하는 문제가 될 수 있다는 단점이 있다. 따라서 요즘 출제되는 객관식 문제는 5개의 지문을 제시하면서 학습내용의 암기만을 평가하는 것이 아니라 배운 지식의 이해의 정확도와 그 응용력을 요구하고 있다.

▣ 주관식 문제

주관식 문제는 지식이나 이해를 묻는 객관식 문제와 달리 분석과 종합의 고차적인 인지능력을 측정할 수 있다. 객관식 문제는 찍을 수도 있고 대충 공부해도 가능할지 모르지만, 주관식 문제는 정확히 알아야만 풀 수 있기 때문에 더 많은 노력이 필요하다.

주관식 문제 유형 가운데 서술형, 논술형은 학생들이 단순히 올바른 답을 안다거나 사실적인 자료들을 암기한다고 해서 잘 풀 수 있는 것이 아니며, 종합적 사고력, 비판적 사고력, 문제 해결력 등을 필요로 하고 문장이나 문단으로 의사 표현력을 발휘할 것을 요구하고 있다.

주관식 문제가 가지는 단점은 시험문제가 시험 범위 내의 내용을 모두 다룰 수 없고 단편적인 지식만을 다루기 때문에 상당히 제한적일 수 있다는 것이다. 주관식 시험을 본 학생들은 가끔 '공부한 내용이 반영되지 않았다.'든가 '훨씬 많이 공부했는데도 성적이 낮다.'는 불평을 할 수 있다.

또한 객관식 문제는 OMR 카드에 체크만 하면 자동적으로 채점되어 교사들의 업무를 덜어 주지만 주관식 문제는 학생마다 일일이 채점해야 하고 실수로 채점이 틀리면 행정적으로 불편한 일이 생길 수도 있다. 따라서 주관식 문제보다는 객관식 문제가 선호될 수밖에 없다.

주관식 문제를 출제할 때는 유사 답안이나 부분 점수를 이렇게 인정할 것인가를 고려하면서 출제한다. 주관식은 말 그대로 학습자의 주관을 평가하는 것이기에 정확한 정답을 정하기가 쉽지 않다. 또한 교사와 학생들의 시각 차이나 교재에 따른 정보의 차이에 의해서 답이 달라지기도 한다.

하지만 일반적으로 교사들은 객관식과 주관식 중 어느 것을 사용하든지 그 시험의 타당성과 신뢰성을 높이는 데 중점을 두고 있다. 또한 교사들이 평가의 편리성 때문에 객관식 문제만 출제하는 것을 방지하고 평가방법을 다양화하기 위하여 교육청별로 주관식과 객관식의 비율을 3:7로 유지하도록 하고 있다.

시험문제는 배운 내용에서만 출제된다

　시험을 보고 나온 학생들이 가끔 '안 배운 문제가 출제되었다.'고 하는 경우가 있다. 그런데 이것이 납득되지 않는 이유는 모든 시험문제는 반드시 배운 내용을 바탕으로 출제하게 되어 있기 때문이다. 실제로 교사들은 문제를 출제할 때 시험문제 외에 문항분석지(이원목적 분류표)를 의무적으로 작성하게 되어 있다. 문항분석지에는 문항, 문제, 정답, 문제 유형, 난이도, 영역, 유사 답안, 출제 근거를 적도록 되어 있다. 시험문제를 내는 것은 어렵지 않으나, 교사들에게 문항분석지는 말 그대로 문제를 분석하여 규칙에 맞게 문제를 출제하는 것이므로 상당히 신경을 써야 하는 부분이다. 교사들이 시험을 보기 전에 상당히 긴장되어 있는 것을 보면 시험문제 출제가 부담이 됨을 알 수 있다. 문항분석지는 학교마다 다르지만 일반적으로 다음과 같은 형식이 사용된다.

　우리 아이 공부의 달인 만들기

문제 유형은 문제가 주관식인가 혹은 객관식인가를 말한다. 난이도는 시험문제의 난이도에 따라 상중하로 나누는데 30:40:30 정도로 나누어 출제한다. 영역은 시험문제가 지식, 이해, 적용, 분석, 종합, 평가 등 여섯 가지 중 어느 것을 묻는가를 말한다. 유사 답안은 시험의 정답은 있지만 학생들이 약간 다르거나 비슷하게 적을 경우 점수로 인정해 주는 답을 말한다. 그리고 출제 근거는 시험문제를 내는 데 있어 근거가 무엇인지를 말한다.

문항분석지를 보면 교사가 시험문제의 출제 근거로 교과서 몇 페이지에서 출제했는지를 적게 되어 있기 때문에 교과서 이외에서 출제하는 것이 원칙적으로 불가능하다. 교사들은 수업 중에 중요한 내용이나 시험에 출제되는 문제들을 '이번에 시험에 출제한다.' '이건 매우 중요한 것이다.' '시험에 자주 출제된다.'는 식으로 예고하는 경우가 많다. 그리고 교사가 시험을 출제할 때에 참고하는 자료는 교과서와 강의 내용 그리고 유인물을 기준으로 한 것이다.

결국 학생들이 '안 배운 문제가 출제되었다.'고 말하는 것은 수업시간에 제대로 수업을 듣지 않았다는 것을 의미하거나 혹은 부모의 시험 결과를 묻는 질문에 대한, 시험을 잘 못 본 것에 대한 변명이라고밖에는 보기가 어렵다.

과거에는 시험문제가 시험 범위 밖에서 출제되거나 교사가 가르치지 않은 범위에서 출제되어도 학생들이 이해하고 넘어갔지만, 요즘에는 해당 교사를 찾아가 항의하거나 학교 홈페이지에 글을 올려서 이의를 제기하기도 한다. 이에 교사들은 되도록 자기가 가르친 범위 안에서만 시험을 출제하려고 한다.

따라서 수업시간에 교사가 가르쳐 준 내용을 바탕으로 중요하다고 강조된 부분들을 선별해서 공부한다면 굳이 시험 범위 전체를 무

문항분석지 예

문항번호	문제	정답	문제 유형		난이도			영역						배점	유사 문항	출제 근거
			객관식	주관식	상	중	하	지식	이해	적용	분석	종합	평가			
1	우리나라의 국화는?	①	○				○	○						3		25p
2	거북선을 만든 사람은?	이순신		○		○		○						3	충무공	32p
3	임진왜란이 일어난 이유는?	④	○		○				○					3		40p
4	고려와 조선의 공통점은?	③	○		○						○			3		45p
5																
6																
7																
8																
9																
10																

조건적으로 공부하는 수고를 덜 수 있다. 그래서 시험을 잘 보는 데 있어 수업의 중요성과 노트 필기의 중요성은 아무리 강조해도 지나치지 않다.

문제 영역을 주목하라

문항분석지를 보면 교사가 시험문제를 지식, 이해, 적용, 분석, 종합, 평가 등 여섯 가지 영역으로 출제하고 이를 분류하도록 되어 있다. 평가 영역은 각 학교에서 정해야 할 사항으로서 과목이나 학교에 따라 차이가 있다. 현재 우리나라 초등학교의 평가 영역에는 몇 가지 유형이 있는데, 가장 일반적인 것은 위에서 설명한 행동 영역에 따른 것이다. 또 모든 영역을 사용하기도 하지만 지식, 이해, 적용의 세 가지만 사용하는 경우도 있다. 결국 시험은 영역별로 출제되기 때문에 자신이 시험을 보기 위하여 공부하는 내용들을 지식, 이해, 적용, 분석, 종합, 평가 등 여섯 가지 영역으로 나누어 보면 문제의 중요성과 출제 경향을 파악할 수 있다.

영역별 평가방법은 다음과 같다. 영역별 평가방법은 정해져 있지만 문제를 영역별로 정확히 나누는 것은 쉽지 않다.

■ 지식 영역

시험에서 다루는 지식에는 사실적 지식, 기본 개념 및 원리, 일반화가 있다. 사실적 지식이란 특정 공간과 시간에 일어난 사건에 관한 지식을 말한다. 예를 들어, '대한민국은 1948년에 독립하였다.'

는 것은 특정 시간에 일어난 사건에 관한 지식이며, '대한민국은 여러 나라 중의 하나다.'라는 것은 특정 공간에 관한 지식이다.

시험공부 내용에는 사실적 지식이 수없이 많다. 종전의 시험은 이러한 지식을 주로 테스트해 왔다. 그러나 사실적 지식들은 여러 현상을 설명해 주지 못한다. 예를 들어, 전화기의 발명에 관한 지식은 일회적인 것으로 다른 현상에 적용하거나 응용할 수 없다. 또한 사실적 지식은 그 수명이 매우 짧다. 예를 들어, 대통령제에 관한 지식은 헌법이 바뀌면 그에 따라 바뀌어야 한다.

■ 이해 영역

자료에 포함되어 있는 의미를 파악, 해석, 추리할 수 있는 능력이나 내용을 해득하는 능력을 판별하는 영역을 말한다. 이해 영역에 해당하는 문제의 예는 다음과 같다.

예) 다음 글이 설명하고 있는 내용으로 가장 알맞은 것은?   [3점]

In their free time, some people enjoy sports. They play tennis or baseball. Some like games. They play chess or computer games. Others enjoy art. They enjoy playing the piano or painting pictures.

① 관습   ② 예절   ③ 규칙
④ 취미   ⑤ 직업

정답) ④

※ 여가시간에 스포츠, 게임, 예술과 같은 것을 즐기는 것에 대해 나와 있으므로 '④ 취미'가 정답이다.

▣ 적용 영역

구체적이고 새로운 장면에 활용할 수 있는 능력을 판별하는 영역을 말한다. 적용 영역에 해당하는 문제의 예는 다음과 같다.

예) 한강이 중부지방을 가로질러 황해로 흐르는 이유는?

    ① 황해가 동해보다 수심이 깊기 때문

    ② 태백산맥이 동쪽에 치우쳐 있기 때문

    ③ 황해안이 동해안보다 조차가 작기 때문

    ④ 태백산맥이 동서로 길게 뻗어 있기 때문

    ⑤ 태백산맥의 서쪽이 경사가 더 급하기 때문

정답) ②

▣ 분석 영역

주어진 사실을 관련 구성 요소로 분석하고 요소 간의 관계를 파악하는 능력을 판별하는 영역을 말한다. 분석 영역에 해당하는 문제의 예는 다음과 같다.

예) 동해안과 비교할 때 황해안의 특징으로 옳은 것은?

    ① 수심이 깊다.

    ② 해안선이 단조롭다.

    ③ 모래밭과 절벽이 많다.

    ④ 조수 간만의 차가 크다.

⑤ 화산 활동으로 형성된 섬이 많다.

정답) ④

■ 종합 영역

주어진 사실들을 하나의 체제로 구성할 수 있는 능력(체계화 능력, 새로운 아이디어를 창출할 수 있는 능력)을 판별하는 영역을 말한다. 종합 영역에 해당하는 문제의 예는 다음과 같다.

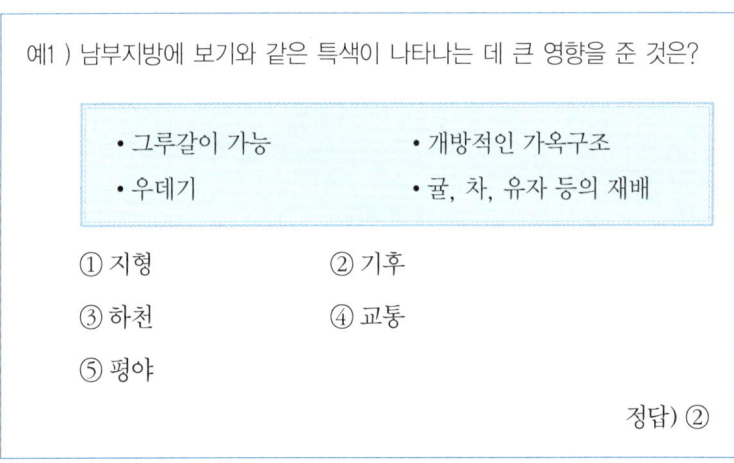

예1) 남부지방에 보기와 같은 특색이 나타나는 데 큰 영향을 준 것은?

• 그루갈이 가능   • 개방적인 가옥구조
• 우데기   • 귤, 차, 유자 등의 재배

① 지형   ② 기후
③ 하천   ④ 교통
⑤ 평야

정답) ②

■ 평가 영역

가치 유무를 판단하고 주어진 사실들을 비교 · 검토함으로써 일관적으로 설명하는 능력을 판별하는 영역을 말한다. 평가 영역에 해당하는 문제의 예는 다음과 같다.

예) 다음 중 공중도덕을 지켜야 하는 가장 큰 이유는?

　　① 다른 사람들에게 피해를 주지 않기 위하여

　　② 법으로 되어 있기 때문에

　　③ 다른 사람에게 자랑하기 위하여

　　④ 정치적으로 중요한 것이므로

　　⑤ 국가 발전의 기초가 되므로

　　　　　　　　　　　　　　　　　　　　　　정답) ①

전년도 기출문제는 똑같이 출제될 수는 없으나 변형은 가능하다

　기출문제는 원칙적으로 출제할 수 없게 되어 있다. 그러나 여기서 기출문제란 전년도의 것만을 말하는 것으로 그 이전 해의 것은 문제 될 것이 없다. 그리고 원칙적으로 똑같이 출제할 수 없으나 변형해 서 출제하는 것은 가능하다.

　오랫동안 시험을 출제해 본 교사라면 한결같이 고민하는 것이 '어 떻게 하면 시험문제를 잘 출제할 것이냐?'일 것이다. 제약 없이 자유 롭게 출제하는 것이라면 마음대로 출제하면 그만이지만, 문항분석지 도 작성해야 하고 전년도에 출제한 문제를 비껴가야 하기 때문에 시 험 출제는 부담스러울 수밖에 없다. 교사들은 과거에 출제했던 문제 들을 중심으로 문제를 낼 수밖에는 없는데, 교육청 감사에서 지적 대 상이 되기 때문에 전년도의 문제를 똑같이 출제하는 일은 하지 않는 다. 그리고 시험문제를 잘못 내어서 정답이 틀리거나 자기도 몰랐던

유사 답안이 나오기라도 하면 그 해결방법이 쉽지 않다. 그렇다고 시험문제를 출제할 때 특정 참고서나 문제지에 있는 문제를 똑같이 출제한다면 비난을 면하기 어려울 것이다. 그래서 시험을 출제할 때 교사들은 신경이 곤두서 있게 마련이다. 더 큰 문제는 오랫동안 가르친 교사일수록 시험문제로 출제할 수 있는 중요한 내용이 뻔하기 때문에 새로운 문제를 내는 것이 쉽지 않다는 점이다.

교사들이 시험을 출제할 때 중요한 것이 정해져 있기에 기출문제나 참고서 또는 문제지의 문제들을 변형하여 출제하는 것이 가장 쉬운 방법이라 할 수 있다. 따라서 시험을 잘 보기 위해서 해당 교사가 출제한 몇 년 치의 시험문제를 구해서 풀어 보는 것이 좋다. 그리고 반이 많아서 한 과목을 여러 교사가 같이 가르치는 경우 분담하여 시험문제를 따로 출제해 합칠 수도 있는데, 이러한 경우라도 기출문제를 구해서 풀어 보면 이번 시험을 출제한 교사들의 출제 경향이나 선호하는 문제의 유형을 파악할 수 있다.

기출문제를 구하기가 어렵거나 교사들이 바뀌어서 새롭게 보는 시험이라 하더라도 문제집이나 참고서에 나와 있는 문제들을 풀어 보면 시험문제의 출제 경향을 어느 정도 파악할 수 있어서 시험공부

의 방향을 설정하는 데 도움이 될 수 있다. 기출문제나 문제집 또는 참고서의 문제들 중에 중복되어 나오는 것은 그만큼 중요도도 높을 뿐더러 시험문제 출제자라면 누구라도 비껴가지 못하는 문제라는 것을 증명하는 셈이다.

예) 기출문제

다음은 글의 종류에 대한 설명이다. 이 중에서 설명이 <u>잘못된</u> 것은?

① 생활문: 우리가 생활하면서 보고 듣고 느끼고 생각한 것을 글감으로 하여 쓴 글

② 논설문: 어떤 사실이나 문제에 대해 근거를 제시하며 자기의 생각이나 의견을 주장한 글

③ 설명문: 어떤 대상이나 사실에 대해 알기 쉽게 풀어 쓴 글

④ 전기문: 실존한 인물에 대해, 그의 세상에 태어나서 죽을 때까지의 일을 이야기식으로 쓴 글

⑤ 독서 감상문: 어린이를 위히여 재미있게 꾸며 낸 이야기

정답) ⑤

변형된 문제

다음은 글의 종류에 대한 설명이다. 이 중에서 설명이 <u>잘못된</u> 것은?

① 생활문: 마음속에 일어나는 느낌을 노래하듯이 나타낸 글

② 논설문: 어떤 사실이나 문제에 대해 근거를 제시하며 자기의 생각이나 의견을 주장한 글

③ 설명문: 어떤 대상이나 사실에 대해 알기 쉽게 풀어 쓴 글

④ 전기문: 실존한 인물에 대해, 그의 세상에 태어나서 죽을 때까지의 일을 이야기식으로 쓴 글

---

⑤ 독서 감상문: 책을 읽고 난 후 느낌이나 생각을 적은 글

정답) ①

※ 마음속에 일어나는 느낌을 노래하듯이 나타낸 글은 시에 대한 설명이다.

연습문제 1) 다음의 문제를 가지고 변형시켜 출제해 보세요.

다음 중 철과 황의 혼합물과 화합물의 성질을 비교한 것으로 옳은 것은?

성질	혼합물	화합물
① 색깔	흑갈색	노란색을 띤 회색
② 자석에의 반응	반응 없다	자석에 붙는다
③ 염산과의 반응	기체 발생	기체 발생
④ 만드는 방법	가열한다	혼합한다
⑤ 결합 비율	7:4	4:1

정답) ③

※ 혼합물은 각 성분 물질의 성질을 그대로 가지고 있지만 화합물은 새로운 성질을 갖는다. 염산과 반응시키면 혼합물에서는 수소 기체가, 화합물 (황화철)에서는 황화수소 기체가 발생한다.

변형된 문제)

성질	혼합물	화합물
①		
②		
③		
④		
⑤		

연습문제 2) 다음의 문제를 가지고 변형시켜 출제해 보세요.

다음 중 공해로 분류되지 않는 것은?

① 대기오염   ② 수질오염

③ 식품오염   ④ 진동

⑤ 소음

정답) ③

※ 대기오염, 수질오염, 진동, 소음을 공해라고 한다.

변형된 문제)

부정적인 문제는 되도록 출제하지 않는다

부정적인 시험문제란 객관식 문제를 출제할 때 '아닌 것은?' '반대인 것은?' '해당되지 않는 것은?' '관계없는 것은?' '거리가 먼 것은?' 등으로 된 문제를 말한다. 부정적인 시험문제는 다섯 개의 지문 중에서 하나만 틀린 것으로 만들면 되기 때문에 다른 것에 비해 출제하기가 쉽다. 그래서 교사들은 부정적인 문제를 자주 출제하였다. 하지만 부정적인 시험문제는 학생들에게 부정적 의식을 심어 줄 우려가 있기 때문에 출제를 지양하도록 규정하고 있다. 그러나 부정적인 문제를 전혀 출제하지 못하게 되면 교사들이 문제를 내는 것에 제약조건이 많아지므로 통상 30%를 넘지 않게 되어 있다. 따라서 30문항의 시험을 본다면 이러한 문제는 10문항을 넘을 수 없게 되어 있다. 아울러 부정적인 문제를 출제할 때는 학생들의 혼동을 방지하기 위하여 시험문제 중 '아닌'이나 '틀린'이라는 단어에 밑줄을 긋거나 굵은 글자로 표시하도록 되어 있다.

부정적인 문제를 출제하기 위해서는 기본적으로 교과내용에서 열거한 지문 4개 이상이 나와야 한다. 예컨대, 3개나 4개의 지문만 나오면 부정적인 문제를 내는 것이 매우 어려워진다. 따라서 시험공부를 할 때 지문을 4개 이상 열거할 수 있는 내용이 나오면 시험에 부정적인 문제로 출제될 확률이 매우 높으므로 숙지해야 할 것이다. 사회과목의 부정적 문제의 예는 다음과 같다.

예) 세종대왕의 업적이 <u>아닌</u> 것은?

① 측우기 발명

② 세종실록 지리지 편찬

③ 훈민정음 개발

④ 용비어천가

⑤ 조선 건국

정답: ⑤

문제의 앞부분을 주목하라

부정적인 문제 대신에 많이 출제되는 객관식 시험문제는 '맞는 것은?' '가장 맞는 것은?' '가장 옳은 것은?' 문제다. 이러한 문제의 경우 교사들은 단순한 지식 영역의 문제보다는 이해나 적용 영역의 문제를 출제한다. '맞는 것은?' 문제는 1개의 사실적 지식만 있으면 나머지 4개의 지문은 틀린 것으로 해도 되지만, '가장 맞는 것은?' 문제는 최소한 맞는 지문이 2개 이상 되어야 한다. 그리고 '맞는 것은?' 문제에 비해 '가장 맞는 것은?' '가장 옳은 것은?' 문제는 개인의 가치관을 묻는 것이 아니라 객관적인 사실을 묻는 것이기 때문에 출제자의 의도가 무엇인지를 찾아내야 한다. 더불어 지문별로 틀리고 맞는 것을 정확히 분석해야 한다.

예) 맞는 것을 고르는 문제

　　다음 중에서 자동차 냉각수로 사용할 수 있는 것은?

　　① 수돗물　　　② 음료수

　　③ 하천수　　　④ 공장 폐수

　　⑤ 양잿물

정답: ①

예) 가장 맞는 것을 고르는 문제

다음 중 분자에 대한 설명으로 가장 옳은 것은?

① 분자는 더 이상 쪼개지지 않는다.

② 분자는 물질의 성질을 지니고 있는 가장 작은 알갱이다.

③ 분자는 항상 서로 같은 종류의 원자가 결합하여 이루어진다.

④ 분자는 항상 서로 다른 종류의 원자가 결합하여 이루어진다.

⑤ 분자의 존재는 기체 반응의 법칙이 발표되기 직전에 아보가드로에 의해 확립되었다.

정답: ②

※ 분석방법

① 분자는 더 이상 쪼개지지 않는다.

　→ 분자는 원자 2개이기 때문에 쪼갤 수 있다.

② 분자는 물질의 성질을 지니고 있는 가장 작은 알갱이다.

　→ 정답

③ 분자는 항상 서로 같은 종류의 원자가 결합하여 이루어진다.

　→ 다른 종류의 원자가 결합할 수도 있다.

④ 분자는 항상 서로 다른 종류의 원자가 결합하여 이루어진다.

　→ 같은 종류의 원자가 결합할 수도 있다.

⑤ 분자의 존재는 기체 반응의 법칙이 발표되기 직전에 아보가드로에 의해 확립되었다.

　→ 아보가드로는 돌턴의 원자설에 어긋나지 않고 기체 반응의 법칙을 설명하기 위해 분자의 개념을 도입하였다.

성격이 급한 학생들은 문제를 만나면 앞부분만을 읽어 보고 맞는 것을 고르는 문제라고 생각하여 첫 번째 지문이 맞기만 하면 선택하기 쉽다. 그리하여 시험이 끝나고 나서 문제를 끝까지 읽어 보지 않은 것을 후회하게 된다. 따라서 시험문제를 풀 때는 문제를 끝까지 읽어서 '가장 맞는 것은' '가장 옳은 것은'과 같은 문구가 있는지 없는지를 파악하여야 한다.

03

시험에서 실수를
줄이는 노하우

03 시험에서 실수를 줄이는 노하우

수험생들은 왜 오답을 선택하게 될까? 그 이유는 수험생들이 정해진 시험시간 동안 마음은 급하고 문제를 정확히 파악하지 못해 출제자의 의도와 다르게 해석하기 때문이다. 대부분의 수험생들은 지문과 답지가 수준보다 어렵거나 문제의 진술이 어려울 때 정답을 맞히지 못한다. 그러나 출제자는 문제를 낼 때 이의 제기를 줄이기 위하여 사람마다 다르게 해석되는 문장은 가급적 사용하지 않으려고 노력한다. 출제자의 의도를 파악하는 것은 실수를 줄이고 고득점을 얻는 데 매우 중요하다.

문제를 단계적으로 풀게 하라

시험을 보고 나서 '조금만 더 읽으면 맞았을 텐데.' '실수해서 틀렸다.' '성격이 급해서 틀렸다.'는 말을 자주 하는 학생들은 문제를 정확히 분석하는 능력이 부족하기 때문이다. 이러한 학생들은 문제를 단계별로 풀면 실수로 틀리는 일을 많이 줄일 수 있을 것이다. 단계별로 시험문제를 풀다가 막히면 어느 부분에서 막히는지 알게 되어 문제를 계속 풀어야 할지 혹은 다음 문제로 넘어가야 할지를 판단할 수 있기 때문이다. 단계별로 문제를 푸는 것은 시험에서 실수로 틀리는 것, 문제를 풀면서 시간을 낭비하는 것을 방지해 준다. 구체적으로 단계별로 문제를 푸는 방법은 다음과 같다.

■ 읽기

문제를 처음부터 끝까지 읽어 '아닌 것은?' '반대인 것은?' '해당되지 않는 것은?' '관계없는 것은?' '거리가 먼 것은?' 등의 부정적 지문을 찾아낸다. 그리고 '가장 알맞은 것은?' '가장 적당한 것은?' 등의 '가장' 이라는 단어가 있는 지문을 찾아낸다.

■ 판단

암기한 것을 기억해 내는 문제인지, 이해를 묻는 문제인지, 적용을 묻는 문제인지를 판단한다. 판단 단계에서 시험이 어렵거나 문제를 푸는 데 시간이 걸릴 것 같으면 다음 문제로 넘어가고 시간이 남

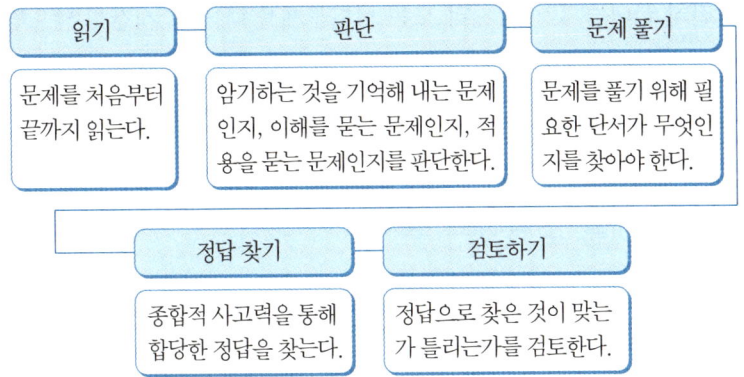

을 때 다시 풀어 본다.

▣ 문제 풀기

문제를 풀기 위해 필요한 단서가 무엇인지를 찾아야 한다. 단서는 자신이 가진 배경 지식뿐만 아니라 출제자의 출제 의도를 파악하는 것이다.

▣ 정답 찾기

출제자의 의도를 파악하고 나면 종합적 사고력을 통해 합당한 정답을 찾는다.

▣ 검토하기

정답으로 찾은 것이 맞는가 틀리는가를 검토한다. 문제를 검도해서 이상이 없으면 다음 문제로 넘어간다. 그러나 검토했다고 해서 완전히 끝내는 것이 아니라 모든 시험문제를 다 풀고 시간이 남으면 다시 검토하는 것이 안전하다.

문제를 분석하고 표시하게 하라

아는 문제도 실수로 틀리는 학생들에게 물어보면 시험문제를 제대로 읽지 않고 넘어간 경우가 많다고 한다. 이와 같은 현상은 공부를 전혀 하지 않은 학생에게 주로 발생하지만, 의외로 공부를 많이 한 학생에게도 쉽게 발생한다. 공부를 많이 한 학생은 워낙 문제지를 많이 풀다 보니 문제의 앞부분만 읽고 기계적으로 문제를 풀기 때문이다. 이러한 실수를 줄이기 위해서는 문제를 처음부터 끝까지 읽어서 문제를 푸는 데 필요한 배경 지식을 만들어야 한다. 배경 지식을 만드는 방법은 곧 문제를 분석하는 방법인데, 문제를 분석하기 위해서는 다음과 같이 하면 좋다.

■ 부정적인 단어에 밑줄을 긋는다

시험문제 중에 '아닌 것은?' '반대인 것은?' '해당되지 않는 것은?' '관계없는 것은?' '거리가 먼 것은?' 등의 부정적 문제가 30% 정도 출제된다. 통상적으로 문제에서 부정적 단어에는 밑줄을 긋거나 굵은 글씨로 표시하도록 되어 있다. 그러나 밑줄이 그어 있지 않을 수도 있으므로 부정적인 단어를 찾아서 밑줄로 표시해 두면 실수로 틀리지 않을 것이다.

예) 다음 학교의 장점을 설명한 것이 <u>아닌</u> 것은?

▣ 긍정적인 단어에 동그라미를 친다

시험문제 중에 '가장 알맞는 것은?' '가장 적당한 것은?' 등의 긍정적 문제가 자주 출제된다. 부정적인 문제와 구별하기 위해서 문제의 긍정적 단어에 동그라미를 치면 문제의 성격이나 유형을 분석하는 데 도움이 된다.

예) 다음 중 조선시대의 특징 중에서 (가장) 적당한 것은?

▣ 핵심 단어에 사각형을 그린다

시험문제를 읽다 보면 문제를 푸는 데 핵심적인 역할을 하는 단어가 있다. 이러한 핵심 단어에 사각형을 그려 넣으면 문제의 중심이 무엇인지를 정확히 알게 되어 문제를 푸는 데 집중할 수 있다. 또한 문제를 재차 풀 때도 핵심 내용이 무엇인지를 빠르게 파악할 수 있기 때문에 시간을 절약할 수 있다.

예) 다음 중 임진왜란 에서 활동한 의병장 중에서 금산에서 주로 활동한 사람은?

■ 지문을 읽고 정오를 기호로 표시한다

시험문제의 지문을 읽다가 확실히 틀렸다는 생각이 들면 번호 앞에 'X' 표시를, 확실하지 않으면 '?' 표시를, 확실히 맞는다는 생각이 들면 'O' 표시를 해 둔다. 그리고 맞는 이유나 틀린 이유를 옆에 적어 두면 문제를 정확히 풀 수 있게 된다. 또 문제를 재차 풀 때도 표시만 보고 빠르게 파악할 수 있기 때문에 시간을 절약할 수 있다.

예) 밑줄 친 단어의 문장 성분이 주성분에 해당되지 않는 것은?

  O ① 철수의 동생은 <u>키가</u> 아주 크다. → 주어(주성분)

  O ② 그 사람이 말도 없이 <u>사라졌다.</u> → 서술어(주성분)

  O ③ 토마토는 <u>과일이</u> 아닌 야채다. → 보어(주성분)

  ? ④ 영희가 반찬은 안 먹고 <u>밥만</u> 먹고 있다. → 목적어(주성분)

  X ⑤ 행동하는 것을 보면, 철수는 <u>너와는</u> 달라. → 부사어(부속성분)

연습문제)

1. 다음 중 향토의 문화재를 잘 보전하여야 하는 가장 큰 이유는?

  ① 관광 자원으로 개발하기 위하여

  ② 많은 수입을 올릴 수 있으므로

  ③ 다른 고장에 자랑하기 위하여

  ④ 역사적으로 중요한 것이므로

  ⑤ 산업 발전의 기초가 되므로

정답) ④

2. 지역사회에 나타나는 문제를 해결하기 위한 방법으로 가장 바람직한 것은?

① 모든 문제를 공공기관에서 해결한다.

② 이해 관계가 있는 사람끼리만 모여 해결한다.

③ 지역 주민의 문제는 행정기관에서 간섭하지 않아야 한다.

④ 지역 주민들과 여러 기관이 협력하여 문제를 해결한다.

⑤ 자연 재해는 예방할 수 없기 때문에 문제가 발생한 후 대책을 마련한다.

정답) ④

 ## 문제를 정확히 읽어 보면 정답이 보인다

교사들이 문제를 출제하다 보면 모든 것을 완벽히 하기는 어렵다. 일반적으로 시험문제는 시험 시작 보름 전부터 출제하게 되어 있다. 문제 출제 시 교사들은 교무실에 '시험기간 중 학생 출입 금지'라는 표지를 붙여 놓고는 시험문제 출제에 신경을 곤두세운다. 그러나 아무리 신중을 기해서 출제해도 시험을 실시하고 나면 시험문제를 잘못 출제하여 다 맞게 하거나 다른 답도 인정해야 하는 경우가 종종 생긴다. 이러한 출제상의 문제는 학교 시험문제에서만 그런 것이 아니라 국가에서 관리하는 수능시험 문제, 각종 자격증 시험 등에서도 마찬가지다. 일반적으로 다음과 같은 기준은 시험을 잘 보는 데 도움이 된다.

- 상투적인 표현, 언어적인 연상, 절대적인 어구 등은 단서를 제공할 수 있다. 예를 들면, '결코' '절대로' '반드시' '항상' '확실히' '모든' '언제나' 등은 대부분 오답일 가능성이 많다. 반대로 '보통' '흔히' '일반적으로' '대개' '대체로' '때로는' '드물게' 등은 정답일 가능성이 많다.

- 문장의 문법구조가 잘못되거나 문장이 어색한 경우는 맞는 것을 틀리는 것으로 바꿀 때 나타날 수 있다. 따라서 이러한 지문은 틀린 경우가 많다.

- 정답 지문은 오답 지문보다 더 길고 자세하게 표현되는 경우가 있다. 따라서 지문이 길면 정답 지문이 되기 쉬우니 주의 깊게 읽어 보는 것이 좋다.

- 문제를 같은 단원에서 출제하다 보면 그 내용이 중첩되어 출제되는 경우가 있다. 따라서 어떤 문항에 대한 정답의 단서가 다

른 문항에서 제공될 수도 있다. 그러므로 잘 모르는 문제가 나
올 때는 같은 단원에서 나온 다른 문제를 찾아서 단서를 찾아보
는 것도 효과적인 방법이다.

- 꼭 그렇지는 않지만, 정답을 찾기 어려울 때는 정답의 위치가
  가운데로 몰리는 경향이 있으므로 가운데 지문 중에서 정답을
  찾는 것이 좋다.

지문출제 방법을 알면 정답이 보인다

객관식 긍정형 문제에서는 5개의 지문 중에서 1개만 맞고 나머지
4개는 정답이 아니다. 따라서 교사들은 객관식 긍정형 문제를 출제
할 때 틀린 지문을 4개나 만들어야 한다. 틀린 지문은 무작정 만드
는 것이 아니라 일정한 규칙을 가지고 만들기 때문에 지문을 정확히
읽으면 옳은 지문을 쉽게 고를 수 있다. 다음의 〈보기〉에서와 같은
문제를 만든다고 했을 때 틀린 지문을 어떻게 만드는지 그 규칙을
살펴보기로 하자.

〈보기〉

우리나라가 아름다운 이유로 가장 적당한 것은?
정답) 우리나라는 강산이 청명해서 아름답다.

■ 정답과 반대로 만든다

다른 지문에 비하여 반대로 표현되어 있거나 부정적으로 되어 있

는 지문은 틀린 지문으로 의심해 볼 필요가 있다.

예) 우리나라는 강산이 청명해서 아름답지 않다.

▣ 내용의 일부를 바꾼다

내용의 일부가 바뀌면 지문 전체가 자연스럽지 못한 경우가 있다. 다른 지문에 비해서 특별한 지문은 틀린 지문으로 의심해 볼 필요가 있다.

예) 영국은 강산이 청명해서 아름답다.

▣ 문맥이 어색하다

문장을 틀리게 바꾸었기 때문에 문맥이 어색하거나 원인과 결과가 어색한 지문은 틀린 지문으로 의심해 볼 필요가 있다.

예) 우리나라는 사람이 착해서 아름답다.

▣ 과장한다

원래 맞는 지문에 과장을 한 것으로 '항상' '~만' '~뿐' '모두' '최고'와 같은 단어들이 포함된 지문은 틀린 지문으로 의심해 볼 필요가 있다.

예) 우리나라는 강산이 세계 최고로 아름답다.

▣ 문항과 전혀 관련 없는 지문을 사용한다

틀리지는 않지만 문항과 전혀 상관없는 지문은 틀린 지문으로 의심해 볼 필요가 있다.

예) 중국은 바다가 아름답다.

예) 조선이 한양을 도읍지로 정한 이유는 무엇인가?

① 고려의 도읍지였기 때문에 → 틀리게 수정한 경우

② 경치가 너무 아름다워서 → 과장한 경우

③ 한반도의 최남단에 있기 때문에 → 과장한 경우

④ 북방 민족의 침략을 막기 위해서 → 관련 없는 지문을 사용한 경우

⑤ 육로와 수로 교통이 편리하기 때문에 → 정답

연습문제)

1. 지방자치제도의 가장 핵심적인 특징은 무엇인가?

　① 지역 주민이 지켜야 할 법을 만든다.

　② 주민의 복리를 증진시키는 일을 한다.

　③ 지역 주민의 행정적인 일을 처리한다.

　④ 지역 경제를 발전시키는 활동을 한다.

　⑤ 자기 지역의 일을 주민이 스스로 처리한다.

정답) ⑤

2. 다음 제시된 내용의 공통점으로 가장 적절한 것은?

> • 우리나라의 촌락은 대부분 마을 뒤에는 산이 있고 마을 앞으로는 하천이 흐르는 곳에 위치해 있다.
> • 우리나라는 각 지역마다 독특한 가옥 구조가 나타난다.

① 자연과 조화를 이루며 생활하려는 조상들의 슬기로움을 느낄 수 있다.

② 다양한 생활 모습이 국토 공간에 반영되어 있음을 알 수 있다.

③ 우리가 살고 있는 곳은 후손들이 계속 살아갈 공간임을 알 수 있다.

④ 촌락의 위치와 가옥 구조 모두 우리나라의 자연 환경 특색과는 무관함을 알 수 있다.

⑤ 우리가 살고 있는 곳은 오랫동안 민족의 생활 무대가 되어 온 곳임을 알 수 있다.

정답) ①

자신의 답을 분석해 보면 정답이 보인다

시험을 잘 못 보는 학생일수록 시험을 보고 나서 실수를 많이 했다고 한다. 이는 시험을 보고 나서 자신의 답을 정확히 분석하지 않았기 때문이다. 문제를 풀고서 자신의 답을 정확히 분석하면 실수를 줄이는 데 도움이 된다. 따라서 자신의 답이 확실한 것인지를 분석해 보아야 한다.

객관식이라면 자신이 선택한 답의 선택 이유를 지문 옆에다 정확히 분석하여 써 보는 것이 좋다. 마찬가지로 나머지 지문은 왜 답이 아닌지를 분석하여 적어 본다. 그렇게 하면 자신의 답이 정답인지 아닌지를 정확하게 결정하는 데 도움이 된다. 주관식이라면 왜 답이 그런 것인지 분석해야 한다. 또한 다른 답이 안 되는 이유는 무엇일까 생각해 보는 것도 도움이 된다.

예문을 보고 다음의 연습문제를 풀어 보자.

예) 거란의 침입 이후 고려가 실시한 국방 강화 정책은?

① 거란에 동북9성을 반환하였다. → 윤관이 별무반을 조직, 천리장성 동북방의 여진족 정벌 후 쌓은 9성이므로 여진족과 관계가 있지만 거란과는 관련이 없음

② 송나라에 군사동맹을 요청하였다. → 송나라와는 외교만 하였기에 잘못되었음

③ 삼별초를 조직하여 운영하였다. → 삼별초는 몽고와 관련이 있으므로 거란과는 관련이 없음

④ 개경 주위에 나성을 축조하였다. → 강감찬 장군이 거란을 물리치고 국방력을 강화하기 위하여 개경 주위와 관련하여 나성을 축조하였기에 정답임

⑤ 별무반을 조직하여 전방에 배치했다. → 고려 숙종 때 여진을 정벌하기 위해 편성되었다가 여진과의 강화가 성립되면서 해체된 군사조직이므로 거란과는 관련이 없음

정답) ④

연습문제)

　1. 고려의 영토가 압록강 유역까지 확대된 계기는 ?

　　① 공민왕의 영토 확장

　　② 서희의 강동6주 회복

　　③ 태조 왕건의 북진정책 추진

　　④ 윤관의 동북9성 설치

　　⑤ 강감찬의 귀주대첩

　2. 고려 후기 공민왕이 실시한 개혁정책이 <u>아닌 것</u>은 ?

　　① 정동행성 폐지

　　② 정방 폐지

　　③ 친원파 숙청

　　④ 과전법 실시

　　⑤ 쌍성총관부 탈환

찍기에도 요령이 있다

　채점이 유용하다는 장점이 있는 객관식 문제는 문제를 푸는 학생의 입장에서도 유리한 문제 유형이다. 주관식은 모르면 전혀 쓸 수 없지만 5지 선다형의 객관식 문제는 아무 번호나 하나 선택했을 때 맞을 수도 있기 때문이다. 정답을 선택할 확률은 1/5로 높은 편이다.

　그래서 객관식 문제를 5지 선다형으로 10문제 출제했을 경우, 문제를 전혀 풀지 못하는 사람도 번호를 적당히 잘 고르면, 우연히 다 맞힐 수도 있고 적어도 2문제는 맞힐 수 있다. 물론 운이 없다면 2문제도 맞히지 못하겠지만 말이다.

객관식 문제에도 그 나름의 요령을 알고 있으면 보다 높은 점수를 받을 수 있다. 물론 바른 학생은 이러한 요행을 결코 바라서는 안 되며 오직 정도를 걸어서 공부하고 문제를 풀어야 한다. 하지만 모르는 객관식 문제를 만날 경우에는 찍기 요령을 알아둘 필요는 있다.

▣ 찍기를 하더라도 기본적인 공부는 해야 한다

학생들은 문제를 풀다 정확히 모르면 답을 찍을 수밖에 없다. 그러나 이러한 찍기도 전혀 공부하지 않은 경우 틀릴 확률이 많다. 반면에 어느 정도 기본 지식을 가지고 있으면 문제를 찍더라도 맞을 확률이 높아진다. 따라서 공부를 잘하는 학생들은 문제를 찍어서 풀어도 맞을 확률이 높은 반면, 공부를 못하는 학생들은 찍은 문제가 대

부분 틀릴 수도 있다. 그렇기에 기본적인 공부는 하고 문제를 찍는 것이 적중률을 높일 수 있다.

▣ 배경 지식을 살려서 틀린 지문을 지우고 찍는다

문제가 어렵거나 답을 못 찾겠다고 해서 무조건 찍기를 하지 말고, 지문들 중에서 틀린 것을 하나씩 골라서 지우고 남은 것 중에서 찍기를 하면 맞을 확률이 높아진다. 즉, 지문 5개가 전부 찍기의 대상이 되면 20%의 확률을 갖게 되지만, 틀린 지문을 하나씩 지우고 남은 것 중에서 찍기를 하면 확률이 50%까지 높아진다.

04

학교급별 시험공부 지도전략

- 초등학교 시험이 평생의 시험 습관을 결정한다
- 중학교 시험의 변화에 대처하게 하라
- 고득점을 위한 중학교 시험전략
- 고등학교 시험이 인생을 결정한다
- 고등학교에서는 내신과 수능 두 마리의 토끼를 잡아야 한다
- 수능시험 영역별 출제 경향을 파악하라
- 입학사정관제에서도 내신이 중요한 변수다

04 학교급별 시험공부 지도전략

초등학교 시험이 평생의 시험 습관을 결정한다

초등학교의 첫 시험은 평생 성적을 결정한다고 해도 과언이 아니다. 초등학교에 입학한 학생들은 학교 생활에 적응하고 친구도 사귀기에 바쁘다. 문제는 학교에서는 학생 들을 마냥 놀게만 두지 않는다는 것이다. 초등학교 1학년이 되면 본 격적인 시험을 치게 된다. 초등학교 1~2학년 학생들은 국어와 수학 과목만 시험을 본다. 이 시기의 시험은 주로 단순 지식을 묻는 것들 이 출제되기 때문에 집에서 부모가 조금만 신경 쓰면 잘 볼 수 있다.

초등학교 1학년의 첫 시험 성적은 시험의 시작을 알리는 것이므 로, 평생의 시험 습관을 만들어 준다는 점에서 매우 중요하다고 할 수 있다. 1학년 시험에서 공부를 해도 성적이 안 나온다면 앞으로 계속 있을 시험이 두려워질 것이다. 반면에 조금만 공부해도 성적이 잘 나온다면 자신감이 생길 것이다. 두려움이 생기면 더 이상의 공부는 하고 싶지 않을 것이고, 자신감이 생기면 공부를 열심히 하고 싶은 생각이 들 것이다.

그러나 초등학교에서는 시험 결과에 따른 석차가 공개되지 않는 서술식 성적 표기를 원칙으로 하고 있다. 따라서 성적이 좋은 학생이라 하더라도 절대점수인 시험 성적만으로 학생의 수준을 평가하는 것은 객관적이지 못하다. 학교에 따라 차이가 있지만 평균 90점 이상인 학생이 전체 학급 인원의 40~50%인 경우도 있는데, 이런 경우 절대점수 측면에서는 우수한 성적이지만 상대적 점수로 평가할 때는 중간 수준이기 때문이다. 이러한 결과를 가지고 학생이나 부모가 성적 수준을 과대평가해 '공부를 잘한다.'는 믿음을 갖게 만들수도 있다. 이러한 믿음이 시험에 대한 마음가짐이나 공부 습관에 영향을 미치기 때문에 시험 결과에 대해 관심을 가져주지 않으면 학생은 자신의 공부 습관대로 시험을 볼 것이고, 시험에 대해 낙관적으로만 생각할 것이다.

초등학교에서의 시험은 학생들의 등급을 결정하고 경쟁을 유발하기 위해서라기보다 교과과정에 대한 이해의 측면이 더 강하기 때문에 상대적으로 쉽게 출제되는 경향이 있다. 따라서 초등학교에서는 문제집 위주로 풀거나 벼락치기로 대충 공부한다고 해도 좋은 성적을 얻을 수 있다. 그러나 중학교에 진학하면 공부의 양이나 시험문제의 난이도가 배로 증가하기 때문에 이러한 공부 습관으로는 쉽게 적응하지 못하게 된다. 일선 중학교 교사들에 따르면 일반적으로 초등학교에서 성적이 우수한 학생들은 중학교에서도 공부를 잘한다고 한다. 따라서 초등학교에서 시험을 잘 보는 학생을 만들고 싶으면 다음과 같이 지도해야 한다.

■ 자신감을 갖게 한다

엄마의 영재교육이나 조기교육을 통해서 기초학습 능력인 읽기, 쓰기, 말하기, 셈하기 등의 기본을 갖춘 학생들은 초등학교에 입학해서도 어려움 없이 학교생활에 쉽게 적응하고 시험에서도 좋은 결과를 낸다. 그래서 시험을 잘 보고 칭찬을 받은 학생들은 자신감이 넘친다. 그러나 기초학습 능력이 형성되어 있지 못한 학생들은 초등학교 생활에 적응하기가 어렵고 시험을 봐도 좋은 결과를 내지 못한다. 시험 결과가 나쁘면 학생들은 위축되고 시험에 대한 두려움이 생겨 오히려 시험공부가 되지 않는다. 따라서 초등학교 시기에는 시험 결과가 좋지 않더라도 학생들을 칭찬하고 격려해서 자신감을 갖고 시험을 보게 해 주어야 한다.

■ 수업시간에 집중하는 습관을 길들이게 한다

공부를 잘하기 위해서는 어떤 과목이든 수업시간에 충실히 듣는 것이 중요하다. 수업을 충실히 듣도록 지도하려면 수업 중에 다른 생각이나 행동을 하지 않고 오직 교사의 수업에 집중하도록 습관을 잡아 주는 것이 좋다.

■ 건강하게 키운다

공부를 잘하기 위해서는 우선적으로 필요한 게 집중력이다. 신체가 건강하지 못하면 어떤 방법으로도 집중력을 높일 수 없다. 신체가 건강하기 위해서는 충분한 영양 섭취와 운동이 필수적이다. 체력이 받쳐 줘야 집중력도 발휘할 수 있다. 특히, 저학년 학생들의 경우 운동을 좋아하기 때문에 신체적으로도 허약하지 않은 학생으로 단련시켜 놓는 것이 중요하다. 운동을 할 수 없다면 최소한 규칙적으로 먹고 자는 생활이라도 유지할 수 있도록 지도해야 한다.

■ 주변을 정리하는 습관을 길들이게 한다

주변을 정리하여 오직 공부에만 몰두할 수 있는 환경을 만들어 주어야 한다. 학생들은 전화, TV, 컴퓨터와 같은 외부적인 것과 실망, 걱정, 연애 감정과 같은 내부적인 것에 마음이 쏠리면 그것을 뿌리치지 못하고 다른 일에 관심을 갖게 되고, 그러다 보면 공부에 집중할 수가 없다. 그래서 공부와 상관없는 것들을 과감하게 없애는 결단력이 필요하다.

▣ 예체능을 경험하게 한다

초등학교 때까지는 학습과 관련된 예체능이나 체험학습 등을 다양하게 경험할 수 있는 기회를 주어야 한다. 이러한 경험은 공부하는데 배경 지식이 될 뿐만 아니라 예체능 점수를 잘 받아 학업 성적을 향상시키는 데 도움이 된다.

▣ 시험공부의 개념에 대해서 알려 준다

초등학교에 입학하기 전에 학생들은 이미 학습지나 유아시설에서 각종 검사를 받아 보았을 것이다. 그러나 학교의 시험은 그러한 검사와 성격이 다르다. 이에 학생들은 시험이 무엇인지 모르고 입학하는 경우가 많다. 시험에 대한 정확한 개념을 모르고 초등학교에 입학하면 시험에 대한 부정적인 생각이 들기 쉽다. 따라서 시험이 어떤 과정으로 이루어지는지를 알려 주면 시험을 신중하게 대하는 데 도움이 된다. 아울러 시험문제의 종류로는 뭐가 있는지, 시험은 어떻게 채점하는지 그리고 시험을 보면 어떻게 되는지를 알려 주어야 한다.

▣ 시험준비 방법을 알려 준다

시험공부를 하기 전에는 준비를 하게 한다. 공부는 무조건 한다고 잘되는 것이 아니기 때문이다. 그리하여 시험공부 준비를 위해서 시험 범위를 확인하는 것과 시험에 필요한 것으로 교과서, 노트, 유인물 같은 것이 있다는 것을 알려 주어야 한다.

■ 시험공부 계획을 짜게 한다

시험 일자가 발표되면 평소의 공부 계획을 살펴보고 시험 준비를 위한 시간 계획을 구체화하게 한다. 남은 시험 준비기간에 따라 집중적으로 공부할 과목의 공부시간을 일자별로 배분하고, 나머지 과목들도 공부할 시간을 적절하게 배분하게 한다.

■ 공부 습관을 정착시킨다

머리가 좋아 시험만 보면 높은 점수를 받아오는 학생에게는 그런 결과를 유지시키기 위해 예습과 복습 방법을 알려 주고 수업을 듣는 방법, 중요한 내용을 필기하는 이유와 방법을 알려 주는 것이 좋다. 반면에 시험만 보면 성적이 나쁜 학생들에게는 학교에서 배운 내용을 얼마나 이해하고 있는가를 점검하고, 부족한 부분에 대해서는 더 이상 뒤처지지 않도록 교과내용을 지도해 주어야 한다. 그리고 공부 습관을 길러 주어야 한다.

학습부진은 초등학교에서만 끝나는 것이 아니다. 상급 학교로 올라갈수록 학교에 적응하기는 더욱 힘들어진다. 즉, 초등학교 때 학습부진에 대해 지도하지 않고 상급 학교로 보낸다면 나중에 손으로 막을 일을 가래로 막는 불상사가 생긴다. 그리고 시간이 지날수록 공부 습관은 길러 주기가 쉽지 않다.

■ 자기주도 학습을 하게 한다

엄마가 옆에서 학생의 공부를 오랫동안 지도하면 학생은 스스로 공부를 하려고 하지 않는다. 따라서 학생이 스스로 학습할 수 있도록 자기주도 학습의 습관을 갖게 하는 것이 중요하다. 자기주도 학습을 하기 위한 방법으로는 온라인 사이트들을 통해서 공부하게 하거나 스터디 플래너와 같은 공부 일기를 쓰게 하는 것이 있다.

▣ 문제집을 잘 선택한다

문제집 선택 시 학생과 상의해 하나 정도는 참고하도록 지도한다. 문제집은 학교 교사나 학원 교사의 추천을 받고, 그것을 참고로 서점에서 여러 종류의 문제집을 펼쳐 놓고 비교해 가면서 학생에게 가장 잘 맞는 문제집을 찾는 것이 효과적이다. 문제집을 비교할 때 세부적으로 확인해야 할 사항은 다음과 같다.

- 서술형 문제 등 최신 경향의 문제가 있는지 확인한다.
- 교과서의 개념 설명과 문제가 적당한 분량으로 실려 있는지 확인한다.
- 해설이 자세한지 확인한다.
- 공부할 분량이 제시되어 있는지 확인한다.

▣ 공부방법을 알려 준다

공부방법도 모르고 수동적으로만 공부했던 학생들은 시험을 잘 보기가 어렵다. 공부방법이란 과목별로 어떻게 암기하며 어떻게 공부해야 시험을 잘 보는지를 말한다. 이러한 공부방법은 학생들이 똑같은 시간을 공부해도 더 많은 것을 알게 하는 데 매우 효과적이다.

중학교 시험의 변화에 대처하게 하라

초등학교를 졸업하고 중학교에 입학하면 학생들에게는 많은 것이 낯설다. 공부해야 할 것도 많지만 시험을 치는 과목도 배가 된다. 중학교 시험은 처음으로 반 석차와 전교 석차가 표시된 성적표를 받는다는 사실 자체가 학생들에게 공포가 될 수 있다.

학생들이 중학교에 입학해서 처음 보는 시험은 중학교 전체 성적을 좌우한다고 해도 과언이 아니다. 중학교에서의 첫 시험은 지금까지 초등학교에서 공부한 것을 배경 지식으로 하여 중학교에 들어와 공부한 것을 종합하여 시험을 보는 것과 같다. 그리고 초등학교에서는 성적이나 등수를 제대로 알기가 어려웠지만 중학교에서는 모든 것이 공개되기 때문에 객관적으로 평가할 수 있는 좋은 기회가 되기도 한다.

중학교에서의 첫 시험에 대해서는 만족하는 경우도 있지만 그렇

지 않는 경우가 더 많다. 학생의 초등학교 성적에서 과대평가되었던 부분들이 석차가 나옴으로써 현실적으로 받아들여지는 경우가 많기 때문이다. 실질적으로 초등학교 때 공부를 잘한다고 하는 학생 중에 중학교에 진학해서 상위 10% 안에 드는 경우는 드물다.

초등학교에서는 주로 단순한 지식 위주의 암기형 문제가 출제된 다면, 중학교에서는 시험 자체가 변별력을 요구하기 때문에 심도 있 는 교과내용을 파악하는 문제들이 출제된다. 따라서 평소 공부방법 이나 공부 습관에도 변화가 이루어져야 한다. 초등학교와 중학교 시 험에서의 차이를 보면 다음과 같다.

▣ 과목이 증가한다

중학교에서는 초등학교보다 시험 보는 과목이 2배 이상 증가하고 난이도 또한 높아진다. 시험 횟수도 두 배로 증가한다. 교육청별로 차이가 있지만, 일반적으로 초등학교에서는 1년에 두 번 시험을 보 지만 중학교에서는 1년에 네 번(1학기 중간·기말, 2학기 중간·기말) 시험을 본다. 게다가 중학교에서는 수행평가도 성적에 반영되기 때 문에 개별적으로 성적관리에 들어가야 한다.

▣ 난이도가 높아진다

중학교에서는 초등학교에 비하여 교과서의 활자도 작아지고 읽어 야 할 책도 많아 빨리 읽고 요점을 바로 잡아낼 수 있어야 한다. 더구 나 시험에 출제되는 용어도 어려워지고 시험의 지문도 길어진다.

▣ 출제 경향이 달라진다

초등학교 시험에서는 그냥 교과서 내용을 암기만 하면 기본 성적은 얻을 수 있다. 하지만 중학교부터는 지식 영역의 문제만 출제되는 것이 아니라 이해나 적용 영역의 사고력을 요하는 문제가 출제된다. 따라서 문제집을 많이 다루어야 응용력이 생긴다.

▣ 석차가 공개된다

초등학교 성적표는 점수와 석차가 공개되지 않아서 학생이 객관적으로 자신의 위치를 알기가 어렵다. 그러나 중학교에서는 반 석차, 전교 석차, 과목별 석차가 나타나 학생이 어느 정도의 수준에 있는지를 객관적으로 알 수 있다.

고득점을 위한 중학교 시험전략

초등학교에서 공부를 잘했던 학생들은 중학교에 가서도 난이도와 깊이가 달라질 뿐 초등학교에서 다룬 중요한 원리가 이어지기 때문에 공부를 잘할 수 있다. 그러나 중학교의 첫 시험에서 좋은 결과를 얻지 못하는 경우는 중학교 과정을 어떻게 공부해야 하는지 잘 모르거나, 초등학교에서 했던 것처럼 시험공부를 했기 때문인 것으로 학생들의 시행착오라고 할 수 있다. 따라서 중학교 첫 시험에서는 되도록 좋은 성적을 얻을 수 있도록 부모의 지도가 절실하게 필요하다. 중학교의 첫 시험을 잘 보기 위해서는 다음과 같은 지도가 필요하다.

■ 중학교 입학 전에 선행학습을 준비하게 한다

초등학교 때 학원을 다니던 학생은 이미 학원 종합반에서 중학교 과정의 선행학습을 한다. 그래서 중학교 시험문제의 출제 경향이나 수준을 어느 정도 가늠한 상태에서 입학한다. 그러나 집에서만 공부하던 학생은 입학해서 처음 보는 시험의 낯선 출제 경향 때문에 당황할 수도 있다. 따라서 학원을 보내지 않더라도 초등학교 6학년 겨울방학 때 미리 중학교 1학년 참고서를 구해 첫 단원부터 공부하고 단원평가 문제를 풀어 보게 해야 한다. 이러한 준비는 학생이 중학교에 가서 어떻게 공부해야 하는지를 가늠하게 하는 데 도움이 된다.

■ 교과서 위주로 복습하게 한다

일선 중학교 교사들은 시험문제를 출제할 때 교과서를 많이 벗어나지 않는다. 따라서 수업시간에 필기한 내용이나 중요하다고 강조된 부분을 꼼꼼히 복습하는 것은 매우 도움이 된다. 그리고 수업 중에 사용한 유인물이나 형성평가 시험지도 빠짐없이 복습해야 한다.

■ 초등학교에서 배운 내용을 상기시킨다

몇몇 학생은 중학교에 입학해서 배우는 것이 초등학교에서 배운 것과 완전히 다르다고 생각하는 경향이 있다. 이런 학생들은 초등학교에서 배운 것을 무시하고 새롭게 공부하려고 하기 때문에 학습의 양이 더욱 증가하는 것이다. 따라서 학생들이 중학교에서 배우는 것들은 초등학교 때 배운 것의 확장이라는 연계성을 스스로 찾도록 하는 것이 중요하다. 배경 지식을 바탕으로 새롭게 확장된 것만을 기억하면 공부의 효율성을 높일 수 있기 때문이다.

▣ 내용 파악 위주로 공부하게 한다

초등학교 때처럼 문제집 풀이 위주로 공부했을 경우에 성적이 낮으면 교과서의 내용을 파악하는 위주로 공부하게 한다. 특히, 성적이 하위권인 경우에는 전반적으로 교과내용의 이해능력이 낮기 때문에 이를 보완할 수 있는 측면에서 개입해야 한다.

▣ 자신감을 갖게 한다

중학교 시험부터는 시험 성적이 공개된다. 그래서 학생은 시험에 자신이 없으면 시험 자체를 두려워하게 된다. 즉, 일부 학생은 시험을 보고 내신등급 또는 석차가 좋지 않게 나온 것을 보고 충격을 받을 수 있고, 부모의 실망까지 더해지면서 시험에 대한 공포에 빠질 수 있다. 이러한 학생들은 시험에 대한 지나친 조급함이나 불안감 때문에 다음 시험도 잘 보기가 어렵다. 따라서 학생들에게 자신감이 생길 수 있도록 칭찬과 격려를 아끼지 않아야 한다. 자신감이 생겨야 공부를 해도 재미있고 흥미가 있지만, 불안감 속에서는 공부도 되지 않을뿐더러 해도 별 효과가 없기 때문이다.

▣ 성적이 나쁘더라도 낙담하지 않게 한다

중학교 첫 시험에서 성적이 나쁘게 나왔더라도 낙심해서는 안 된다. 학생이 집중력과 성실성만 가지고 체계적으로 공부한다면 앞으로 충분히 성적을 올릴 수 있기 때문이다. 성실하게 노력한다면 초등학교와 중학교 수준의 성적 차이는 1~2년 이내에 충분히 극복할 수 있다. 실제로 초등학교, 중학교 때 월등한 성적을 내지 못한 학생들이 고등학교에 가서 높은 성적을 내는 경우도 있다.

고등학교 시험이 인생을 결정한다

고등학교에 진학하면 입학 전인 2월에 배치고사를 보고 3월에는 모의고사를 본다. 이 배치고사와 모의고사부터 학생의 고등학교 생활이 결정된다. 배치고사나 모의고사를 잘 보면 학생들은 자신감을 갖고 고등학교 생활을 시작하지만, 그 결과가 나쁘게 나오면 고등학교의 시작은 어렵게 된다.

따라서 중학교 3학년 2학기부터는 고등학교 1학년 1학기의 선행학습을 준비하는 것이 바람직하다. 많은 고등학교에서는 입학 소집일에 시험 공고를 하고 1학년 1학기에 배울 내용을 위해 교과서를 나누어 주고 시험에 대비하게 하고 있다.

고등학교에서의 시험대비 공부에 대한 특징을 보면 다음과 같다.

■ 독서를 많이 해야 한다

고등학교에서는 중학교에 비해 학습의 양과 난이도가 한층 높아진다. 학생들이 가장 어려워하는 부분은 언어 영역인데, 중학교까지는 모든 문제가 교과서 내에서 출제되지만 고등학교에서는 교과서

밖에서도 출제되기 때문이다. 또한 지문의 길이도 길어지고 문장 자체가 어려워져서 충분한 독해력을 가져야만 풀이가 가능하다. 따라서 중학교 때처럼 교과서 위주로만 열심히 본다고 좋은 성적을 얻을 수 있는 것은 아니다. 교과와 관련된 학습도서들을 많이 읽어서 배경지식을 충분히 갖게 하는 것이 도움이 될 것이다.

▣ 인문계열과 자연계열 중 하나를 선택해야 한다

고등학교에 입학하면 구체적으로 지원하고자 하는 대학교와 학과를 결정하는 것이 좋다. 결정한 대학교와 학과를 지원하기 위해서는 먼저 인문계열과 자연계열 중 하나를 선택해야 한다. 한번 계열을 정하면 바꿀 수가 없으며 관련 직업들이 정해진다. 그러므로 적성 · 인성검사를 통해서 자신에게 적합한 직업을 찾아 그에 맞는 계열을 선택해야 한다.

자연계열을 선택한 학생은 수학과 과학 과목의 비중이 커지고 내용도 어려워지므로 공부시간에서의 비중도 높게 책정해야 하며, 수업에서 놓치는 부분이 없도록 많은 신경을 써야 한다. 반면에 인문계열을 선택한 학생은 문과 교과목의 비중이 커지므로 그에 신경을 써야 한다.

▣ 과목별로 집중도를 달리해서 공부하게 한다

과목별로는 수능에서 비중이 높은 국어, 영어, 수학의 경우 수업시간에 배우는 것에만 의존해서는 좋은 성적을 거둘 수 없다. 그래서 국어, 영어, 수학 공부는 전념하는 것이 좋다. 수업을 충실히 듣고 집에서는 문제지를 지속적으로 풀어 부족한 부분들을 찾아 보충해야 한다. 암기과목들은 되도록 수업시간에 다 이해할 수 있도록 수업에 집중하고 문제지로 점검하는 것이 좋다.

■ 고등학교 3학년 때는 지원 대학의 조건에 성적을 맞추게 한다

고등학교 3학년은 고등학교 1, 2학년 때 배운 내용을 심화시키며 총정리를 하는 기간이라 할 수 있다. 3학년 2학기 전까지는 지금까지 들었던 수업에 대한 전반적인 검토를 통해 부족한 부분을 메우는 데 최선을 다해야 한다. 그리고 3학년 2학기에는 지금까지의 성적과 자신이 지원하고자 하는 대학교의 조건이 얼마나 일치하는가를 살펴보고 재차 조정해야 한다. 즉, 모의고사를 본 후 그 결과를 가지고 자신의 점수대에 따라 지원 학교를 결정해야 한다. 자신의 성적보다 높은 학교를 선택하려면 더욱 많은 공부를 열심히 해야 한다.

■ 대학입시에 대한 스트레스를 해소해야 한다

중학교 다닐 때만 해도 대입이 멀게만 느껴졌지만 고등학교에 진학하면 대학입시가 코앞에 다가와 상당한 심리적 스트레스를 준다. 대입시험을 충분히 준비한 학생들은 여유가 있지만 그렇지 않은 학생들은 시험 날짜가 다가올수록 심리적인 부담감이 커지고 스트레스를 많이 받는다. 따라서 스트레스를 해결해 주어야 좋은 결과를 얻을 수 있다.

■ 지속적으로 공부하게 한다

고등학교는 중학교에 비해 배우는 수준이 높아 자칫하면 뒤처지기가 쉽다. 특히, 중학교 때 벼락치기를 하던 학생들이 고등학교에 진학해서 공부를 지속적으로 하는 습관을 들이지 않으면 좋은 성적을 얻기 어렵다. 중학교 때까지 머리가 좋아서 특별히 공부하지 않아도 높은 성적을 유지했던 학생들도 고등학교에서는 많은 시간 지속적으로 공부를 해야 한다. 실제로 고등학교에서는 머리가 좋은 학생보다는 열심히 공부하는 학생의 성적이 높은 편이다. 따라서 중학교까지의 공부 습관을 분석해 자기주도 학습 습관이 완전히 정착되도록 하는 것이 중요하다.

고등학교에서는 내신과 수능 두 마리의 토끼를 잡아야 한다

중학교에서는 내신만 열심히 하면 되지만 고등학교에서는 대학입시 때문에 수능과 내신 모두를 준비해야 한다. 수능은 고등학교 3학년 학생들이 대학을 가기 위해 치르는 대학수학능력시험을 말한다. 이는 학교에서 보는 시험과 달리 언어 영역, 수리 영역, 사회탐구 영역, 과학탐구 영역, 외국어 영역 등으로 나눠 고등학교에서 배운 내용들을 중심으로 한다. 예전에는 수능이 거의 대입을 좌우하는 중요한 시험이었지만 요즘에는 내신 반영률이 높아지다 보니 그 영향력이 다소 줄어들었다. 그럼에도 수능은 변함없이 대입에서 큰 영향을 미친다.

　내신은 학교에서 받는 일반 성적을 말한다. 내신에는 고등학교 생활 중 받은 상장이나 봉사시간 등 많은 것이 포함된다. 중학교의 내신은 고등학교에 진학만 하면 되니까 크게 신경 쓰지 않는 게 보통이지만 고등학교의 내신은 대학을 가는 데 중요한 변수다. 고등학교의 내신으로는 학기마다 중간고사, 기말고사를 치르게 되어 있어 일 년에 총 4번의 시험을, 고등학교 3년 동안에는 총 12번의 시험을 본다. 그 성적들은 학생부에 기록되어 대학 입학원서를 쓸 때 내신 반영률에 따라 영향을 미치게 된다. 이처럼 좋은 대학교를 가기 위해서는 고등학교에서의 내신을 무시할 수 없고, 또 수능을 염두에 두지 않을 수도 없다. 따라서 원하는 대학 진학을 위해서는 내신과 수능 모두를 준비해야만 한다.

　내신은 교사의 수업에 충실히 임하고 수업받은 내용을 정확히 기억하기만 하면 높은 점수를 받을 수 있지만, 수능은 너무 세세한 것은 나오지 않고 사고력을 평가하는 것이기에 사고력을 높이는 것이 중요하다. 그렇다고 수능과 내신이 완전히 별개의 것은 아니다. 결국 내신을 충실히 준비하면 수능에 도움이 된다.

수능시험을 잘 치르기 위해서는 시험 유형을 분석해서 그에 맞는 공부를 해야 한다. 이를 위해 과거에 출제된 수능시험 문제를 풀어 보는 것은 출제 경향을 예측하는 데 도움이 된다. 또한 기출문제를 풀어 봄으로써 자신의 수준이 어느 정도인지, 자신이 공부를 어떻게 해야 하는지, 어떤 것을 준비해야 하는지를 결정하는 데 도움을 받을 수 있다.

내신과 수능 간의 강약에 따른 성적관리 방법을 보면 다음과 같다.

▣ 내신 강, 수능 강

내신과 수능 모의고사 성적이 높은 학생들은 현재의 상태를 유지할 수 있도록 학습자원들을 관리할 필요가 있다. 공부를 잘하는 학생들은 실수를 하면 자신감을 급격히 잃어버릴 수 있다. 이런 경우 자신감을 잃지 않도록 격려와 칭찬을 해 주는 것이 중요하다. 또한 스트레스를 받지 않도록 지나친 경쟁의식이나 학습에 대한 압박감을 갖지 않도록 해야 한다.

▣ 내신 강, 수능 약

내신은 좋은데 수능 모의고사를 보면 성적이 잘 나오지 않는 학생들은 자신의 공부방식을 다시 한 번 점검해 봐야 한다. 이런 학생들은 교과내용은 완벽하게 이해하고 있으나 수능식 시험문제에 숙달되지 않아 문제 풀이에 어려움을 느끼는 경우가 많다. 이러한 경우에는 기존에 출제된 수능문제와 모의고사문제들을 풀어 틀리는 문제에 대한 분석을 하면서 공부하는 것이 효과적이다.

▣ 내신 약, 수능 강

내신은 약한데 수능이 강한 경우에는 여러 가지 원인이 있다. 첫째는 학생들이 특목고나 좋은 학교에 다니는 경우다. 둘째는 공부는 잘하는데 내신을 우습게 알거나 예습 및 복습 습관이 제대로 형성되어 있지 않은 경우다. 셋째는 책을 많이 읽어 사고력이 풍부한 학생들의 경우다. 넷째는 모의고사 문제를 많이 풀어 본 경우다. 이러한 경우에 학생들은 학교 시험을 위한 공부방법을 점검해 부족한 부분을 보완해야 한다.

▣ 내신 약, 수능 약

내신도 약하고 수능도 약한 학생들은 우선 그러한 결과가 나온 원인이 무엇인지를 알아야 한다. 대개는 공부에 대한 관심이 없거나 기초학습 능력이 부족한 경우라고 할 수 있다. 고3인 경우에는 이미 내신 점수를 높이는 것에는 한계가 있으므로 학교 공부는 공부대로 충실하게 하고 수능시험에 대비하도록 해야 한다. 일반적으로 이러한 학생들에게는 구체적이고 체계적인 학습목표를 세워 공부하도록 지도해야 한다. 그들은 국어, 영어, 수학을 비롯한 주요 과목에서 기초가 부족한 경우가 많은데, 이들 과목의 특징은 짧은 기간에 고득점을 얻기가 쉽지 않다는 것이다. 따라서 수능시험 날짜가 얼마 남지 않았다면 전 과목에 걸쳐 고득점을 받아야겠다는 생각보다, 자신 있는 과목부터 공부해서 실수를 하나라도 줄여 만점에 가까운 점수를 받는다는 전략으로 접근하는 게 더 효율적이다.

수능시험 영역별 출제 경향을 파악하라

수능시험은 크게 언어영역, 수리영역, 외국어영역, 사회탐구영역, 과학탐구영역 등 5가지가 있으며, 영역별 세부 출제 경향을 보면 다음과 같다.

■ 언어 영역

언어 영역은 총 50문항으로 구성되어 있으며 그중 5문제는 듣기평가로 이루어진다. 범교과적인 소재가 활용되며, 주로 사실, 추론, 비판, 창의적 사고 등 대학에서 수학하는 데 필요한 언어적 사고능력을 측정하는 데 역점을 둔다. 지문은 인문·사회, 과학·기술, 문학·예술, 생활·언어 등 다양한 분야에서 뽑아 출제되기 때문에 독서를 많이 한 학생에게 유리하다. 따라서 평소 수업을 충실히 들으면서 관련 단원의 책을 선택하여 독서하는 것이 효과적이다.

■ 수리 영역

수리 영역은 총 30문항으로 구성되어 있는데, 그중 '가형' 문제는 수학I에서 12문항, 수학II에서 13문항과 선택 5문항이, 그리고 '나형' 문제는 수학I에서 30문항이 출제된다. 수리 영역은 단순 암기로 해결할 수 있는 문제나 지나치게 복잡한 계산 위주의 문제의 출제를 지양하고 있는 추세다. 반면에 계산, 이해, 추론, 문제 해결력을 측정하는 문제들이 출제되고 있다. 초등학교와 중학교에서 배운 내용들을 활용해서 출제하므로 초등학교와 중학교에서 배운 내용들은 기본적으로 알아야 한다. 아울러 이를 바탕으로 고등학교에서 배운 내용들을 종합해서 문제를 푸는 능력이 필요하다.

▣ 외국어 영역

외국어 영역은 총 50문항으로 구성되어 있으며, 그중 듣기와 말하기가 17문항 출제된다. 범교과적인 소재가 활용되고 있다. 외국어 영역에서는 출제 범위를 공통영어 수준에서 심화선택과목 수준으로 확대해 심화된 의사소통 능력을 측정하고 있다. 다양한 길이와 내용의 지문을 사용하고 심화선택과목 수준의 어휘 중에서 사용 빈도가 높은 것을 사용하여 출제한다. 따라서 교과서 외에 영어로 된 소설이나 신문을 자주 읽어서 풍부한 지문을 집해 보는 것이 중요하며, 이를 통해서 자주 사용하는 어휘를 암기하는 것이 효과적이다.

▣ 사회탐구 영역

사회탐구 영역은 과목당 20문항으로 구성되어 있으며, 윤리(윤리와 사상+전통윤리), 국사, 한국지리, 세계지리, 경제지리, 한국 근·현대사, 세계사, 법과 사회, 정치, 경제, 사회·문화의 11과목 중 최대 4과목을 선택하도록 되어 있다. 사회탐구 영역은 종합적 사고력을 측정하는 것으로 단원 간 통합문제가 다수 출제된다. 또한 교과서를 원칙으로 하되 교과서 밖의 내용도 출제된다. 일상생활에서 접할 수 있는 내용 및 시사성이 있는 뉴스 등도 출제되기 때문에 책이나 신문을 자주 보는 것이 좋다.

▣ 과학탐구 영역

과학탐구 영역은 과목당 20문항으로 구성되어 있으며, 물리I, 화학I, 생물I, 지구과학I, 물리II, 화학II, 생물II, 지구과학II의 8과목 중 최대 4과목을 선택할 수 있으나 물리II, 화학II, 생물II, 지구과학II 중에서는 최대 2과목까지만 선택이 가능하다. 과학 개념의 이해 및 적용과 관련된 문항을 전체 문항 수의 40%를 초과하지 않도록 되어 있으며, 나머지는 학문과 실생활에서 골고루 출제된다.

▣ 직업탐구 영역

직업탐구 영역은 과목당 20문항으로 제1과목인 농업 정보 관리, 정보 기술 기초, 컴퓨터 일반, 수산·해운 정보 처리 등 컴퓨터 관련 4과목 중 최대 1과목을 선택할 수 있으며, 제2과목인 농업 이해, 농업 기초 기술, 공업 입문, 기초 제도, 상업 경제, 회계 원리, 수산 일반, 해사 일반, 해양 일반, 인간 발달, 식품과 영양, 디자인 일반, 프로그래밍 등 전공 관련 13과목 중 최대 2과목을 선택할 수 있다.

2011년 수능시험 출제 범위 및 내용

교시	영역		문항 수	시험 시간(분)	출제 범위 및 내용
1	언어		50	80	• 사실, 추론, 비판, 창의적 사고 측정 • 듣기(5문항) 출제 • 범교과적인 소재를 활용하여 출제
2	수리	가형	30	100	• 계산, 이해, 추론, 문제 해결력 측정 • 수학I 12문항 수학II 13문항 선택 5문항
		나형	30	100	• 수학I
3	외국어 (영어)		50	70	• 심화선택과목 수준으로 확대 출제 • 듣기, 말하기 17문항 • 범교과적인 소재를 활용하여 출제
4	사회 탐구		과목당 20	과목당 30	• 종합적 사고력 측정 • 윤리(윤리와 사상+전통윤리), 국사, 한국지리, 세계지리, 경제지리, 한국 근·현대사, 세계사, 법과 사회, 정치, 경제, 사회·문화의 11과목 중 최대 택4
	과학 탐구		과목당 20		• 과학 개념의 이해 및 적용과 관련된 문항과 학문과 실생활과 관련된 문제 출제 • 물리I, 화학I, 생물I, 지구과학I, 물리II, 화학II, 생물II, 지구과학II의 8과목 중 최대 택4(단, 물리II, 화학II, 생물II, 지구과학II 과목 중에서는 최대 2과목까지만 선택 가능)
	직업 탐구		과목당 20		• 농업정보 관리, 정보기술 기초, 컴퓨터 일반, 수산·해운 정보 처리 등 컴퓨터 관련 4과목 중 최대 택1 • 농업 이해, 농업 기초기술, 공업 입문, 기초제도, 상업경제, 회계원리, 수산 일반, 해사 일반, 해양 일반, 인간발달, 식품과 영양, 디자인 일반, 프로그래밍 등 전공 관련 13과목 중 최대 택2
5	제2외국어/ 한문		30	40	• 독일어I, 프랑스어I, 스페인어I, 중국어I, 일본어I, 러시아어I, 아랍어I, 한문의 8과목 중 택1

■ 제2외국어/한문 영역

제2외국어/한문 영역은 과목당 30문항으로 독일어I, 프랑스어I, 스페인어I, 중국어I, 일본어I, 러시아어I, 아랍어I, 한문 등 8과목 중 1과목을 선택할 수 있다.

입학사정관제에서도 내신이 중요한 변수다

지금까지 대학들은 학생부, 수능시험, 대학별 고사 등의 성적 위주로 학생을 선발해 왔다. 그러다 보니 초·중등학교 때부터 지나친 점수경쟁을 초래했고, 대학에서는 학과의 특성에 맞는 잠재력과 소질을 가진 학생을 선발하는 데 일정한 한계가 있었다. 따라서 대학의 학생 선발권한을 확대하고 초·중등교육 정상화를 함께 이룰 수 있도록 대입전형의 자율화와 특성화 역량을 강화하고 지원할 필요성이 대두되어 2008년부터 부분적으로 입학사정관제를 실시하였다. 입학사정관제를 시행하는 목적은 성적 위주의 획일적 선발방식에서 벗어나 학생의 잠재력, 대학의 설립 이념 및 모집단위 특성 등 다양한 요소를 고려한 선발방식으로 개편하기 위해서다.

입학사정관제는 대학이 대입전형 전문가인 입학사정관을 육성·채용·활용함으로써 대학이나 모집단위별 특성에 따라 보다 자유로운 방법으로 학생을 선발하는 제도다. 입학사정관(admissions officer)은 대학이나 모집단위별 특성에 맞는 학생을 선발하는 것을 목적으로 고교 및 대학의 교육과정을 분석해 관련 정보·자료를 축적·관리하고, 효과적 전형방법을 연구·개발하며, 다양한 전형자

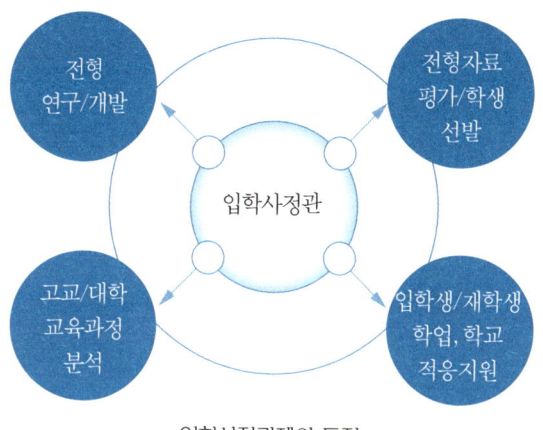

입학사정관제의 특징

료를 심사·평가하여 개별 지원자의 입학 여부를 결정하고, 입학생 및 재학생의 학업과 학교 적응을 지원하는 전문가다.

대학마다 대입전형을 통해 선발하고자 하는 인재상이 다르고 환경과 여건이 다르며 지원자의 특성 또한 다르기 때문에 대입전형에서 입학사정관의 역할과 활용 정도 역시 다르다. 따라서 대학의 입시전략과 전형방법에 따라 입학사정관이 합격 여부를 최종적으로 결정할 수도 있고, 전형의 일부 과정에만 참여할 수도 있으며, 전혀 개입하지 않을 수도 있다. 또한 대학에 따라서는 전형방법의 개발이나 시행보다는 이미 입학한 학생들의 사후관리 활동에 보다 주력하도록 할 수도 있다.

이미 언급했듯이, 입학사정관제는 성적 위주의 획일적 선발방식에서 벗어나 학생의 다양한 요소를 고려하는 선발방식이다. 하지만 일부 대학은 이런 취지를 무시하고 성적 위주로 학생을 선발하기도 했다. 2009년 입학사정관제를 통해 일부 대학에 합격한 신입생의 내신등급은 평균 3.36이었다. 또 내신 성적이 높거나 특목고 출신인 학

공통전형 절차 및 요소

요소	주요 내용
학생의 특성	**인지적 특성** • 사고력: 이해력, 분석력, 논리적 사고력, 창의력, 문제 해결력 등 • 적성: 관련 분야에 대한 소질, 학업 적성, 대학 또는 학과 수학능력 등 • 표현력: 의사소통 능력(토론/설득력) 등 **정의적 특성** • 인성: 자신감, 적극성, 리더십, 책임감, 목표지향성, 자기조절 능력, 도덕성, 사회성 등 • 흥미: 지적 호기심, 열정, 학습 동기 등 • 태도: 가치관, 학습태도 등 잠재력, 미래 성장 가능성, 학과 적응 가능성 등
대학 및 모집 전형에의 적합성	건학 이념 및 학과 특성에 부합하는 학생인지의 여부, 리더십 전형, 사회적 배려 전형 등 모집전형에 부합하는지의 여부 등
교육환경	가정환경, 교육여건, 고등학교의 교육과정 및 특성 등

생을 우대한 것으로 나타났다. 따라서 입학사정관제가 시행된다고 하더라도 자신이 원하는 대학에 진학하기 위해서는 기본적으로 내신 성적이 높아야 하기 때문에 공부는 반드시 해야 한다.

05

과목별 시험공부 지도전략

05 과목별 시험공부 지도전략

좋은 대학을 가기 위해서는 고등학교 때의 성적만 중요하다고 생각하여 중학교 때 성적의 중요성을 간과하기가 쉽다. 그러나 중학교 1학년은 대학 신학을 위한 공부의 기초를 세우며 평생 성적의 기본이 되기 때문에 인생에서 가장 중요한 시기다. 학생들을 대상으로 설문조사를 실시한 결과, 가장 많은 학생이 자신만의 공부 습관이 형성된 시기로 중학교 1학년을 꼽았다. 그렇기에 중학교 1학년의 시험은 학생들의 평생 성적을 결정하는 중요한 요인이 된다.

중학교의 첫 시험은 초등학교에서 공부한 것을 배경 지식으로 하여 중학교에 들어와 공부한 것을 합쳐서 시험을 보는 것과 같다. 그리고 초등학교까지는 성적이나 등수를 제대로 알기가 어려웠지만 중학교에서는 모든 것이 공개되기 때문에 객관적으로 평가할 수 있는 좋은 기회가 되기도 한다. 그래서 중학교 1학년 첫 시험 성적이 3년

내내 간다는 말이 나온 것이다. 따라서 중학교에 입학하면 시험공부 방법을 달리해야 한다. 초등학교에서와 같은 시험 대비 공부를 한다면 좋은 결과를 가져올 수도 있지만 대부분은 실력을 제대로 발휘하기가 어렵다. 그렇기에 중학교 1학년의 첫 시험은 부모의 시험공부 방법 지도에 따라 그 결과가 달라질 수 있다.

학생이 스스로 시험공부 방법을 터득하지 못하기에 부모나 교사가 시험공부를 하는 방법이나 시험 보는 방법을 알려 주는 것이 무엇보다 중요하다. 그렇다고 초등학교 때처럼 부모가 일일이 챙겨 줄 수 없는 노릇이니 자녀가 자신에게 맞는 시험공부 방법을 찾을 수 있도록 돕는 것이 최선이다. 그러자면 먼저 부모가 중학교 시험의 특징과 올바른 시험공부 방법을 알아두는 것이 중요하다.

국어시험 지도전략

국어책에는 기본적으로 다양한 시, 소설, 설명문, 수필 등이 실려 있다. 또한 읽기, 쓰기, 듣기, 말하기에 관련된 글들이 실려 있다. 중학교에서 배우는 국어는 초등학교에 비해서 난이도가 높다. 그러나 초등학교에서 배운 내용이 기초가 되어서 발전하는 것이지 중학교에서 완전 새롭게 나오게 나오는 것이 아니다. 그러므로 기본 지식을 확실히 익혀 두면 중학교 국어시험에서는 좋은 성적을 얻을 수 있다. 마찬가지로 중학교에서의 실력이 탄탄해야 나중에 고등학교에서도 그 실력을 유지할 수 있다.

이처럼 국어는 초등학교, 중학교, 고등학교에서 배우는 것이 독립적이지 않으며 초등학교 때부터 익힌 실력에 난이도가 더해진다고 보면 된다. 중학교의 국어시험에서는 지문의 단어가 더 어려운 것이 나오거나 한자어가 더 많이 등장한다. 또 지문도 길어지기 때문에 문제를 주의 집중해서 읽어야 한다.

■ 국어시험 출제 방향과 고득점을 위한 노하우

초등학교 국어는 언어에 대한 이해도를 높이는 문제가 많이 출제된다. 따라서 초등학교 국어시험은 꾸준한 독서가 가장 좋다. 독서를 통해 사고력이나 이해력을 키우면 국어 점수도 높게 나올 것이다. 만약 독서를 많이 하지 않아 이해가 잘 안 되는 경우라면 단어에 대한 정확한 개념을 알아보고 그것의 동의어와 반대어를 찾게 하는 것이 좋다. 더불어 국어의 문법이나 철자법을 알려 주는 것이 좋다.

중학교에 진학하면 국어는 '국어'와 '생활국어'로 나뉜다. 국어란 우리말에 대한 지식을 전반적으로 습득하고 공부하는 과목이고, 생활국어란 우리가 살아가는 실생활의 경험을 통하여 지식을 습득하는 과목을 말한다. 즉, 국어가 학문적인 것을 위주로 배운다면, 생활국어는 우리가 살아가면서 부딪히고 경험하는 실생활에 대한 것을 문법 위주로 배운다.

또한 국어는 말하기, 듣기, 쓰기, 읽기 등의 영역으로 구성되어 있고, 생활국어는 말하기, 듣기, 쓰기의 세 영역으로 구성되어 있다. 중간고사나 기말고사에서는 시험마다 생활국어의 문법 단원 하나씩이 꼭 포함되고 출제 비중도 15~20% 정도 된다. 따라서 생활국어까지 꼼꼼히 공부한다면 상위권 성적을 유지할 수 있다.

국어시험 출제 방향에 따른 고득점을 위한 노하우를 살펴보면 다음과 같다.

어휘력을 높이라

국어시험이 다른 과목의 시험에 비해서 어렵다고 생각하는 이유는 국어가 암기만으로 성적을 올리기가 어렵기 때문이다. 국어시험에서는 글이나 문제의 요지를 얼마나 잘 파악하느냐가 관건이다. 이때 가장 중요한 것이 바로 어휘력이다. 그러나 어휘력이 중요하다고 해서 국어를 영단어 외우듯 암기하는 학생은 없을 것이다. 국어는 단어의 의미를 모르고서는 시험을 잘 보기가 어렵다. 어휘력을 확장시키기 위한 효과적인 방법은 폭넓은 독서를 하면서 새롭게 등장한 단어의 뜻을 사전에서 찾아 정확히 알고 넘어가는 것이다.

교과서에 충실하라

국어시험에서는 기본적이고 핵심적인 개념을 숙지하는 문제와 주제를 파악하는 문제의 출제가 많다. 따라서 국어공부는 문제 풀이식 공부보다 교과서에 새로 나오는 개념과 원리 위주의 공부를 하는 것이 효과적이다. 또한 교과서를 공부할 때 각 단원의 주제가 무엇인가를 찾아내는 연습과 핵심적인 사항을 암기하는 것이 중요하다.

서술형은 핵심적인 문제를 선택해서 공부하라

주관적인 것을 묻는 서술형 문제의 경우는 채점기준에 대한 논란의 여지가 많다. 그렇기에 이를 줄이기 위해 비교적 명료하면서도 핵심적인 문제 위주로 출제된다. 따라서 서술형 문제에 대비해서는 명료하고 핵심적인 문제를 선택해 설명하는 연습을 하는 것이 좋다.

다른 교사의 출제 경향도 파악하라

국어 교사가 두 명 이상이라면 문제를 나누어 출제힐 확률이 높으므로 다른 교사의 출제 유형도 파악하는 것이 좋다. 다른 교사의 출제 유형을 파악하기 위해서는 그 교사의 수업을 받는 친구와 서로 정보를 교환하면 된다.

문제집 선택을 잘하라

국어는 교과서만 열심히 공부했다고 꼭 시험을 잘 보는 것이 아니며 문제집의 선택도 중요하다. 문제집은 두 권 정도로 공부하는 것이 좋다. 한 권은 중점적으로 공부하고, 다른 한 권은 중점적으로 공부하되 중복되는 문제가 있는가를 확인한다. 두 권의 문제집에 비슷한 문제가 있다면 그만큼 출제 빈도가 높다는 것을 의미하니 그것을 꼭 기억해 두는 것이 좋다.

물론 교사는 문제집과 똑같이 문제를 출제하는 것을 가급적 피하고 있다. 하지만 그 많은 문제들을 일일이 만드는 것도 쉽지 않아서 문제집을 참고로 조금씩 변형해서 출제하는 경우가 많다. 따라서 문제를 풀 때 학생 스스로 여러 가지 변형된 문제를 만들어 보는 것이 도움이 될 것이다.

▣ 국어시험 대비를 위한 암기법

국어는 우리말을 바르게 사용하면서 동시에 표현과 이해를 정확히 하여 생각하는 힘을 기르는 과목이다. 국어는 어학, 문학, 문법, 작문 등 매우 다양한 영역을 다룬다. 그러나 일부 학생들은 '국어는 늘 사용하는 말이니까 쉽다.'는 생각에 국어공부를 소홀히 하기 쉬운데 이는 잘못된 생각이다. 국어는 우리가 매일 쓰더라도 문법이나 분석이 생활화되지 않아 생소한 것일 수 있으므로 외국어라 생각하고 공부하는 것이 좋을 것이다. 국어는 수학이나 영어와 같은 다른 주요 교과에 비해서 기초가 없어도 열심히만 공부한다면 충분히 따라 갈 수 있고 성적을 높일 수 있는 과목이다. 국어시험을 잘 보기 위한 암기방법은 다음과 같다.

예습을 철저히 한다

수업을 듣기 전에 예습하는 습관은 가장 중요하다. 예습을 하지 않고 수업을 들으면 교사가 무슨 말을 하는지 알기 어려울 때가 많기 때문이다. 따라서 수업을 듣기 전에 미리 배울 내용을 예습한다면 수업시간에 강의내용이 머릿속에 쏙쏙 들어올 뿐더러 이해도가 높아서 장기기억으로 연결되기 쉽다.

종합적으로 공부한다

국어는 어학, 문학, 문법, 작문 등 다양한 영역을 다룬다. 어찌 보면 이런 다양한 영역은 각기 독립적인 영역이라고 생각될 수 있지만 국어라는 커다란 틀 안에서 서로 연관되어 있는 영역들이다. 따라서 국어는 어느 한 영역만을 편식하듯 공부해서는 안 되며 다양한 영역에 대해서 종합적으로 공부해야 한다.

교과서를 읽고 생각하면서 암기한다

교과서의 내용들을 단순히 문자적으로 암기하려고 하지 말고 분석적, 추론적, 비판적, 창의적으로 읽으며 암기하는 연습을 한다. 교과서에서 알려 주고자 하는 것이 무엇인지 분석하고, 그에 따라 추론해 보고, 객관적 입장에서 비판하며, 새로운 생각을 가지려는 과정에서 장기기억으로 발전한다.

어휘의 의미를 정확하게 파악하면서 암기한다

국어과목에는 문학작품이 많이 나오는데 일반적으로 사용하는 단어나 어휘보다 풍부한 단어나 어휘들이 사용된다. 따라서 쉽게 암기하기 위해서는 핵심 단어나 어휘의 의미를 정확하게 습득하고 글 전체의 내용을 정확하게 이해하는 능력을 길러야 한다.

교과서 외의 작품도 폭넓게 공부한다

국어공부를 잘하기 위해서는 평상시 교과서에 수록된 작품을 중

심으로 깊이 있는 감상을 하여야 한다. 그러나 교과서에 있는 작품만 읽는다면 비교 대상이 없어서 단편적인 지식으로 끝나기가 쉽다. 따라서 분석과 비판력을 높이기 위해서는 교과서 외의 작품들도 폭넓게 읽어 두어야 한다.

영어시험 지도전략

초등학교에서의 영어시험은 도입 단계로서 저학년에는 읽기 위주로, 고학년에는 쓰기 위주로 시험문제가 출제된다. 초등학교 때는 풍부한 어휘력을 길러 주는 것이 좋다. 단어나 숙어를 많이 알수록 문장에 대한 이해나 독해가 쉬워지며 영작을 할 수 있는 기본이 구축된다.

그러나 중학교에 입학하면 문법을 배우게 되면서 문법 문제와 지문이 증가하고, 또 지문은 교과서 밖에서도 출제된다. 이는 전반적으로 7차 교육과정 학생들이 영어를 초등학교부터 배우기 때문에 실력이 향상되어 감에 따라 난이도도 높아짐을 의미한다. 따라서 초등학교 시기에 수준에 맞는 기초문법을 공부해 놓으면 중학교의 영어공부가 한층 수월해질 수 있다.

영어도 중학교 때의 실력이 평생 실력으로 되는 경우가 많다. 고등학교에 가면 언어체계가 굳어지고 또 입시 준비 때문에 제대로 된 영어공부를 할 시간이 없기 때문이다. 더욱이 중학교 영어와 고등학교 영어 간에는 내용상 큰 차이가 없다. 그러나 고등학교 영어가 문법과 독해에 비중을 두는 반면, 중학교 영어는 듣기-말하기에 비중을 둔다는 점이 다르다. 뿐만 아니라 고등학교에서는 중학교보다 배우는 단어의 수준이 올라가고, 지문이 길어지며, 보다 복잡한 문장이 사용된다는 점이 다르다.

따라서 중학교에서 영어교과 수준을 충분히 잘 따라가면 고등학교에서 격차 때문에 적응하지 못하는 경우는 별로 없다. 반면에 중학교에서 충분한 실력을 확보하지 못한다면 고등학교에서 영어시험을 잘 보는 것은 기대할 수 없다.

중학교 때는 공부를 잘하는 학생들 간의 영어 성적에 큰 차이가 나지 않는다. 그러나 중위권 이하로만 내려가도 격차가 많이 발생할 뿐만 아니라 그것을 메우는 데 시간이 많이 필요하다. 영어공부를 제대로 하지 않으면 고등학교에 진학하고도 좋은 성적을 얻기 어렵다. 더 나아가 대학에 진학해 영어 원서를 읽을 때, 입사할 때, 유학을 갈 때에도 어려움이 생긴다. 뿐만 아니라 영어를 잘해서 얻을 수 있는 수많은 기회를 모두 날려 버린다. 따라서 수학이 입시에서 필수요소라면 영어는 인생에서 필수요소라고 할 수 있다.

■ 영어시험 출제 방향과 고득점을 위한 노하우

기존에 중학교의 영어시험에서는 문법과 세부적인 해석에 집중하여 빈칸 채우기 혹은 단답식 서술형 문제를 출제하는 경우가 많았다. 그러나 난이도가 높아지면서 지문의 전체적인 내용을 파악하고 글쓴이의 의도나 중심 생각을 파악하는 문제가 출제되고 있다. 또한 서술형의 문제가 문장 안에서 단어를 채우는 식의 간단한 문제에서 점차 완전한 문장 전체를 쓰는 문제로 바뀌고 있다. 이로 인해서 영어 공부는 단순히 문장을 외우는 것에서 벗어나 기초문법 파악에서부터 주어와 동사의 위치, 시제, 수식어의 종류와 위치에 이르기까지 완벽하게 알아야 한다.

문제의 지문도 교과서 내에서만 출제하던 것에서 벗어나 교과서 이외의 지문도 출제되고 있으며, 지문내용을 요약 정리하는 영작문제도 출제되고 있다. 따라서 지문의 내용을 처음부터 끝까지 정확하게 파악하기 위해 독해능력을 높이고 다시 완전한 영어 문장으로 작문할 수 있는 공부를 해야 한다.

영어시험 출제 방향에 따른 고득점을 위한 노하우를 살펴보면 다음과 같다.

어휘력을 높이라

일반적으로 교과서에서 다루는 단어는 초등학교의 경우 대략 800단어, 중학교의 경우는 단어는 대략 2,000단어, 그리고 고등학교의 경우는 대략 4,000단어 정도다. 양적으로도 초등학교에 비해 중학교가 2.5배, 고등학교가 5배 더 많다. 따라서 중학교에서는 초등학교에서보다 단어 암기를 위해 두 배 이상의 시간을 써야 한다.

게다가 단어의 수준이 높아지고 숙어가 많이 나오기 때문에 단어, 파생어, 숙어를 암기하는 데 많은 시간이 소요된다.

영문법에 관심을 가지라

영어는 기초부터 단계적으로 심화되기 때문에 한번 페이스를 놓치면 따라잡는 데 굉장히 애를 먹는다. 특히, 단어나 독해도 중요하겠지만 기초문법을 완벽하게 공부하는 것이 영어공부의 핵심이다. 그리고 중학교에서는 문법이 적용된 문제들이 많이 출제되므로 영문법의 기틀을 잘 잡아 두어야 한다. 중학교 때 영문법을 진도에 맞게만 숙달하게 하면 고등학교에 진학해서 영어공부는 어렵지 않게 할 수 있다.

교과서 위주로 공부하라

영어도 중학교 내신시험의 기본적인 원리는 다른 과목과 같다. 학교 수업시간에 배운 교과서 내용을 중심으로 출제된다. 물론 고등학교 문제가 중학교 문제보다는 난이도가 높다.

선행학습을 하라

중학교에서 영어 성적을 높이기 위해서는 선행학습이 필요하다. 영어는 다른 과목에 비해서 선행학습을 할수록 교사의 수업내용이 잘 이해되고 교과서를 읽는 데 지장이 없다. 초등학생 때 높은 영어 성적을 받았다고 해도 선행학습을 하지 않았다면 중학생 때 영어에 대한 자신감을 잃어버린다.

독해연습을 많이 하라

중학교 때는 초등학교 때에 비하여 단어의 수도 많아질 뿐 아니라 지문이 길어지고 또 지문도 교과서 밖에서 출제된다. 중학교에서 정확한 문법공부와 독해연습이 부족하면 문장의 해석도 어렵지만 해석은 되는데 문제가 안 풀리거나 헷갈릴 수도 있다. 따라서 최소한 교과서에 나와 있는 문장만이라도 완벽하게 독해할 수 있도록 연습해야 한다.

작문연습을 많이 하라

최근 영어시험 문제는 교과서 이외의 지문에서도 출제되고 있으며, 본문내용을 요약·정리하는 영작문제가 출제되고 있다. 따라서 수업시간에 배운 문법을 활용해 영어 문장을 마치 우리말 쓰듯 자연스럽게 쓸 수 있는 연습을 해야 한다.

▣ 영어시험 대비를 위한 암기법

영어는 내신이나 입시에서 비중이 매우 큰 주요 교과다. 영어는 예전에 배웠던 지식들이 누적되어 기초를 튼튼하게 해야 효과를 보기 때문에 짧은 시간에 열심히 한다고 해서 효과를 보기 어려운 과목이기도 하다. 기초가 부족한 학생들은 무조건 단어와 문법내용을 암기하는 방식으로 영어공부를 하려고 한다. 그러나 영어는 기초가 한번 무너진 상태에서 무조건 단어나 문법을 암기한다고 해결되는 것이 아니다.

영어를 잘하기 위한 영어 암기법은 먼저 문장을 외우고 그것을 바탕으로 단어와 문법을 암기하는 것이다. 영어를 공부할 때 문장을 암기하는 것은 우선 집을 짓는 데 골조를 튼튼히 하는 것과 같다. 문장을 먼저 암기하면 그것을 바탕으로 문법이나 단어를 전부 아우르면서 저절로 영어를 습득하는 것이다.

충분한 문장의 암기를 통해서 기본이 형성된 다음에는 의사소통의 기본단위인 회화나 변형된 문장을 만들기 위해서 문장의 기본 구성요소인 단어나 어휘를 암기해야 한다. 골격이 아무리 튼튼해도 벽돌을 쌓아야 집의 형태가 갖추어지는 것처럼, 단어나 어휘를 암기하는 것은 기초를 튼튼히 하는 배경이 된다. 또한 아무리 많은 단어나 어휘를 암기하고 있다고 해도 그것을 적절히 조합할 수 있는 문법을 알아야 한다.

뿐만 아니라 문법은 무수히 많은 문장들의 공통된 법칙을 찾아서 수학 공식처럼 정리해 놓은 것이다. 따라서 기초적인 문법을 필수적으로 알아야 응용력과 적용력이 커진다. 문법을 암기하면 단어만 바꿔치기해서 말하고 쓰고 읽고 이해하는 게 가능해지기 때문이다.

요컨대, 문장을 암기하면 저절로 단어와 숙어 그리고 문법을 익힐 수 있기 때문에 영어학습의 가장 효율적이고 경제적인 방법이다.

영어시험을 잘 보기 위한 암기방법은 다음과 같다.

눈과 손과 입으로 단어를 암기한다

단어를 암기할 때 쉽게 범하는 것이 눈으로 익숙해지도록 암기하면 된다고 생각하는 것이다. 이 경우 눈을 떼고 바로 암기한 단어를 쓸 수 있다면 문제가 안 되지만 그렇지 않다면 잘못된 암기방법이다. 따라서 암기는 눈으로만 해서는 도움이 안 되고 보지 않고 손으로 쓸 수 있도록 해야 한다.

또한 영어는 다른 과목에 비해서 발음이 중요하다. 따라서 영어는 소리를 내어 자신의 발음을 귀로 들을 수 있도록 암기해야 효과가 높다. 더욱이 영어는 발음이 자연스러워져서 조금의 주저함 없이 입에서 튀어나올 정도가 되어야 한다. 따라서 눈으로도 보고, 손으로도 써 보고, 입으로도 발음해 봐야 암기가 잘된다.

분석한 후 암기한다

영어 단어에는 여러 개의 의미 단위가 조합되어 이루어진 것이 많다. 따라서 단어의 어근에 대해서 충분히 이해하고 그것을 바탕으로 단어를 조합하면 같은 시간에 더 많은 단어를 외울 수 있으며 단어의 활용도도 높아진다. 따라서 암기해야 할 단어에서 어근이 무엇이고 어떻게 조합되어 있는지를 분석하면 쉽게 암기할 수 있다.

스스로에게 질문하면서 암기한다

'I am happy.'라는 문장을 암기해야 한다면 '나는 왜 행복하지?' 또는 "왜 하필이면 'happy'라는 단어를 썼을까? 나 같으면 'angry'라는 단어를 썼을 텐데."라는 질문을 스스로에게 하고 자신이 이해한 것을 자신에게 설명하듯 종이 위에 쓰면 좋다. 자신에게 질문을 하고 그에 대해 가르치듯이 하면 문장이 구체화되면서 질문한 내용과 함께 연상되어 암기가 수월해진다.

발음을 우리말과 연관시켜 암기한다

수많은 영어 단어를 암기하는 것은 어렵다. 영어 단어를 쉽게 암기하는 방법 중의 하나는 영어 단어의 발음을 국어에서 비슷한 말로 대치해서 암기하는 것이다. 스펠링은 잘 몰라도 비슷하게 발음한 것을 기억한다면 스펠링을 유추하여 기억해 내는 데 도움이 된다.

예) ache(아프다)

한국어보다는 영어회화를 자주 사용한다

영어는 자주 현장에서 직접 사용해야 실력이 향상된다. 따라서 일상에서 한국어 대신 아는 영어를 사용하면 암기한 것이 장기기억으로 연결되어 도움이 된다. 영어를 사용할 때는 단어나 숙어, 회화 등 모든 것을 사용하는 것이 좋다. 예를 들어, '아버지' 대신에 'father' 라고 하거나 '좋아요.' 대신에 'I am fine.' 이라고 하는 것이다.

수학시험 지도전략

초등학교에서 좋은 수학 성적을 얻으려면 많은 문제를 풀어야 한다. 초등학생의 경우 교과서에서 풀어 보았던 문제들은 쉽게 풀지만 문제가 조금만 변형되면 어려워하는 경우가 많다. 따라서 변형된 문제를 쉽게 풀게 하려면 먼저 교과서에 나온 공식을 정확히 이해하고 그것을 응용하여 다양한 문제를 풀 수 있도록 지도해야 한다. 수학은 공식을 바탕으로 변형된 문제의 출제가 가장 다양하므로 공식을 알더라도 여러 종류의 문제를 풀어 보게 하는 것이 문제에 대한 적응력을 기를 수 있다. 수학은 문제를 기계적으로만 풀지 말고 그 성격을 분석·정리할 수 있도록 지도해야 한다.

중학교에 진학해서 학생들의 실력 차이를 결정짓는 데 수학과목은 매주 중요하다. 수학은 주로 빠르고 정확한 계산능력을 요구하는 문제 위주로 출제되고 있다. 고등학교에서는 배운 곳에서만 시험문제가 출제되는 것이 아니며 이전 단원까지 포함하여 시험 범위가 확장된다. 전체적인 문제의 수준을 높이고 복잡한 계산문제로 변별력을 높이고 있다.

따라서 수학시험을 대비하기 위해서는 교과서에 있는 문제들을 전부 풀어 보아야 하며, 평소 많은 문제 풀이 연습을 통해 계산능력을 향상시키는 것은 물론 논리적인 서술형 문제 풀이도 해야 한다. 그러나 수학시험 문제만큼 응용하기 쉬운 것이 없기 때문에 고득점을 받기 위해서는 심화문제에 대한 적응력을 키워야 하며, 활용문제를 많이 풀어 보는 것이 효과적이다. 중요한 것은 수학시험은 문항 수에 비해 시험시간이 짧아 빠른 시간에 문제를 풀 수 있도록 공부해야 한다는 것이다. 따라서 시험에서 모르는 문제나 어려운 문제는 나중에 시간이 남을 때 풀도록 조정해야 한다.

단계적인 수준 상승을 특징으로 하는 수학이나 영어 과목은 한번 페이스를 놓치면 따라잡는 데 굉장히 애를 먹을 수 있다. 중학교에서 성적이 중위권이나 상위권에 있는 학생들 중에 영어를 싫어하는 학생은 마음을 바꾸어 영어공부를 해야 할 것이다. 고등학교에 진학해서 갑자기 영어를 따라잡으려고 한다면 크게 낭패를 볼 수 있을 테니 말이다.

■ 수학시험 출제 방향과 고득점을 위한 노하우

사실상 중학교 공부와 고등학교 공부의 차이를 만드는 가장 큰 요인은 바로 수학이다. 고등학교에서는 중학교 때 배우지 않던 기호나 개념을 배운다. 실제로 고등학교에서 처음 배우는 내용이 전체의 50% 이상에 달한다. 더욱이 고등학교 때는 교과서 이외에도 부교재로 다른 기본서나 문제집을 보아야 하기 때문에 공부할 내용이 많아진다. 그러다 보니 체감하는 난이도는 당연히 훨씬 높을 수밖에 없다.

중학교 수학시험은 배운 내용을 위주로 평이하게 나오는 편이다. 따라서 중학교에서는 단순하게 공식을 외워서 여러 문제집을 풀어 문제 유형을 많이 경험하는 것이 좋다.

수학시험 출제 방향에 따른 고득점을 위한 노하우를 살펴보면 다음과 같다.

공식을 모르면 대입해 보라

수학은 다른 과목과는 달리 주관식 문제가 어울리지만, 채점을 빠른 시간 내에 해야 하고 평가의 다양화를 위하여 객관식으로도 문제를 출제한다. 주관식은 모르면 전혀 쓸 수 없지만 5지 선다형의 객관식 문제는 아무 번호나 하나 골랐을 때 맞을 확률이 1/5이나 된다. 수학문제는 풀이방법을 모르면 정답을 찾기가 곤란하나, 문항에서 적당한 것을 골라 문제에 대입해 볼 때 쉽게 정답을 찾을 수 있는 문제도 많다.

공식을 암기하라

수학을 싫어하는 학생 중에는 공식을 암기하는 것이 귀찮기 때문이라고 말하는 학생이 있다. 그러나 수학은 공식을 암기하지 않고는 풀 수 없는 문제가 많다. 공식을 알면 바로 계산하여 답을 찾을 수도 있고, 답을 찾지 못해도 문항들을 대입해 보면 무엇이 정답이고 오답인지를 알 수가 있다. 따라서 공식만 암기하면 수학에 대한 자신감과 흥미를 갖게 되며, 아울러 시험을 치를 때 많은 도움이 되어 좋은 점수를 받을 수 있다.

이해하고 암기하라

무턱대고 공식을 암기한다고 해서 모든 수학문제가 풀리는 것은 아니다. 암기한 공식을 이해해야만 공식을 문제에 적용할 수 있다. 공식을 암기했으나 이해되지 않으면 무엇을 대입해야 하는지, 어떻게 문제를 푸는지 몰라 곤란에 빠질 수도 있다.

쉬운 문제부터 풀라

중학교에서 한 과목을 시험 보는 시간은 똑같이 1시간인데, 수학시험은 시간이 부족하다는 생각이 든다. 문제가 많아서라기보다 문제를 푸는 시간이 다른 과목보다 복잡하고 시간이 걸리기 때문이다. 따라서 수학시험을 볼 때는 배점이 같을 경우 전체적으로 시험지를 보면서 어려운 문제는 표시해 두고 쉬운 문제부터 풀어야 한다. 그렇게 하고 시간이 남는 경우에 어려운 문제를 푼다. 그러나 배점이 다른 경우에는 배점이 높은 문제부터 풀어야 한다. 시간이 부족하면 쉬운 문제도 답하지 못하고 놓치는 경향이 있기 때문이다.

문제를 풀고 검토하라

수학은 숫자로만 구성되어 있는 것이 아니며 기호나 부호가 많이 사용된다. 따라서 숫자로 된 것은 다 맞는데 기호나 부호가 틀리면 오답처리가 되므로 꼼꼼히 검토해서 기호나 부호가 빠지거나 틀리지는 않았는지 확인해야 한다.

▣ 수학시험 대비를 위한 암기법

수학은 암기하기보다는 이해하는 과목이라고 생각해서 암기를 하지 않는 학생들이 있다. 그러나 엄밀히 말하면 수학에서도 암기가 절대적으로 필요하다. 굳이 비율을 따지자면 수학공부는 암기 10%와 이해 90%로 이루어졌다고 할 수 있다. 암기의 비율이 10%라고 해서 그 중요성이 떨어진다는 것이 아니다. 왜냐하면 10%의 암기를 바탕으로 90%의 이해가 가능하기 때문이다.

예를 들어, 사각형의 넓이를 구하라는 문제에서 공식인 '가로 길이 × 세로 길이'를 정확히 알지 못하면 문제를 해결할 수 없다. 그렇다고 공식만을 기계적으로 암기해서 암기한 공식에 숫자만 대입하면 답이 나오는 만만한 과목이 아니다. 따라서 수학공부를 잘하기 위해서는 먼저 공식을 암기한 다음에 문제를 푸는 방법인 공식의 유도과정을 이해해야 한다.

한 예로 윗변의 길이가 5cm이고, 아랫변의 길이가 3cm이며, 높이가 4cm인 사다리꼴의 넓이를 구하는 문제를 생각해 보자. 이 문제는 '(아랫변 + 윗변) × 높이 ÷ 2'라는 공식에 아랫변이나 윗변을 찾아서 넣고 높이를 찾아서 대입할 줄 알아야 한다. 즉, 그 풀이식은 $(5 + 3) \times 4 \div 2 = 16$이다.

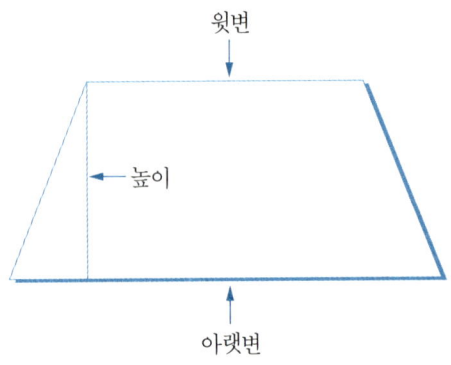

수학시험을 잘 보기 위한 암기방법은 다음과 같다.

중요한 공식만 암기한다

초등학교 수학에서 사용하는 공식은 그리 많지 않지만 중학교 수학에서 사용하는 난이도가 높아지면서 공식도 많아진다. 그러나 불필요한 공식까지 모조리 암기한다면 오히려 공식이 헷갈리게 되어 문제가 발생할 수 있다. 따라서 얼마나 자주 출제되는지, 얼마나 다양하게 사용되는지, 공식을 대체할 방법이 있는지, 교사가 중요하다고 강조했는지에 따라 공식의 우선순위가 결정된다. 이들 요건 중 한 가지만 만족해도 중요한 공식이라 할 수 있고, 반드시 암기해야만 문제의 해결이 가능하다.

응용문제를 많이 풀어 본다

공식을 암기하는 것만이 중요한 게 아니라 실제로 적용해서 풀어 보는 것도 중요하다. 계속 비슷한 문제를 풀면 공식의 유도과정을 충분히 이해할 수 있기 때문에 어떠한 문제도 쉽게 풀 수 있다. 실제로 교과서에 있는 문제는 잘 풀지만 조금만 변형하면 틀리는 경우 비슷한 유형의 문제를 많이 풀어 보지 않았기 때문이다.

기초가 부족하면 처음부터 다시 시작한다

수학은 영어와 마찬가지로 기초가 없으면 따라가기 어려운 과목이다. 수학은 '나중에 공부하면 되겠지.'라는 생각을 허락하지 않는다. 따라서 기초가 부족하다고 생각하면 해당 문제의 기초가 되는 학년의 교과서나 참고서를 가지고 공부를 다시 해야 한다.

복습을 많이 한다

수학은 영어와 마찬가지로 내신과 수능에서 비중이 큰 과목이다. 따라서 수학과목의 점수를 높게 받고 싶다면 어떤 일이 있어도 그날그날 복습을 해서 완벽하게 자기 것으로 만들어야 한다. 그렇지 않고 나중에 공부하려고 하면 기억도 나지 않을뿐더러 새롭게 혼자 공부해야 하기 때문에 결국은 포기하게 된다. 따라서 다른 과목도 마찬가지이지만 수학은 꼭 복습을 습관화해야 한다.

오답 노트를 작성한다

수학은 문제 위주로 되어 있기 때문에 문제를 많이 풀게 된다. 문제를 풀고 나서 오답이 발생했을 때에는 꼭 오답 노트를 작성하여 틀린 부분이 어디인지를 점검해야 한다. 그렇게 작성한 오답 노트를 시험에 가까운 때에 복습하면 비슷한 문제가 출제되었을 때 틀리지 않을 수 있다.

과학시험 지도전략

과학이란 대자연의 오묘하고도 신비스러운 현상을 연구하여 자연 속에 숨겨진 질서와 비밀을 찾아내고 그것을 이용하여 미래의 세계를 설계하는 학문이다. 초등학교 과학시험에서는 주로 원리에 대한 이해가 자주 출제된다. 과학은 저학년에서는 단순 암기문제가 나오지만 고학년으로 올라갈수록 물리와 같은 계산문제가 나온다. 과학도 수학과 같은 방법으로 학습하되 역시 원리에 대한 이해가 중요하다는 것을 지도해야 한다.

중학교 과학은 물리, 화학, 생물, 지구과학으로 구성되어 있다. 이들 모두 자연의 현상을 연구하고 질서와 비밀을 알아내는 학문이다. 과학에서 다루는 자연현상은 재현 가능하다는 특성에 따라 자연과학은 실험이 가능하고, 자연현상 속에서도 나름대로의 진리나 법칙을 찾아내려는 특징이 있다. 학생들은 과학과목을 실험과 관찰만 하면 된다고 가볍게 생각하는 경향이 있다.

중학교 과학에서 높은 점수를 받으려면 단순히 실험실습에 참여해 이해만 하는 것으로 공부가 다 되는 것이 아니며 암기가 필요하다. 실험과 관찰만 하면 된다고 생각하는 학생들은 과정이 단순하게만 느껴져 과학이 재미없는 과목이 되기 쉽다. 과학은 한마디로 원리를 파악하고 암기해야 하는 과목이다. 원리를 알아야 실험과 관찰도 흥미로워진다.

과학은 사회와는 달리 이해와 암기가 종합적으로 이루어지는 과목이다. 때문에 과학공부는 원리에 대한 이해를 하지 못하고 탐구력, 분석력, 추리력, 문제 해결력과 같은 사고력이 부족하면 어려울 수밖에 없다. 수업시간에 단원마다 원리가 무엇이며 그로 인해 어떤 원인과 결과가 나오는지를 생각하면 과학공부에 대한 이해도를 높일수 있다. 아울러 나타난 사실에서 무엇이 중요한지를 분석해 중요한 것만 찾아서 암기하는 것도 효과적이다.

■ 과학시험 출제 방향과 고득점을 위한 노하우

초등학교 과학에서는 과학의 기본인 에너지, 물질, 생명, 지구 등에 대해 다루는 데 비해 중학교 과학에서는 물리, 화학, 지학, 생물에 대한 기초를 전체적으로 다룬다. 중학교 과학은 초등학교 과학보다 분량 면에서 거의 3배에 달한다.

중학교 과학시험에서는 계산문제가 많지 않았지만, 최근에는 공식을 이용한 계산문제의 출제가 증가하고 있다. 중학교 과학에서는 일, 역학적 에너지, 전기, 파동 등에서 한두 개의 공식이 나올 뿐 복잡한 것은 고등학교에 비해서 상당히 부족한 편이다. 그러나 고등학교로 올라가면 중학교에서 배운 것은 완전히 기초가 될 정도로 난이도도 높고 공식도 많이 나온다. 따라서 원래의 공식만을 외울 것이 아니라 그것을 변형하고 응용하는 능력을 길러야 한다. 그리고 공

식과 연관된 개념부터 공식 유도과정까지 확실하게 이해할 필요가 있다. 고등학교에서는 계산문제의 비율이나 난이도가 많이 늘어난다. 따라서 과학공부를 잘하기 위해서는 수학공부가 기본이 되어야 한다.

과학시험의 출제 경향에 따른 고득점을 위한 노하우를 살펴보면 다음과 같다.

영역 간의 형평성을 유지하라

과학은 하나로 된 것이 아니라 물리, 화학, 생물, 지구과학의 네 영역으로 구성되어 있다. 이들 영역은 성격이 상이해서 독립된 것으로 보이지만 서로 유기적으로 연결된 내용이 많다. 따라서 특정 영역에 대한 공부가 다소 부족하다면 나머지 영역에도 영향을 미칠 수 있다. 부족한 영역은 기초부터 공부해서 부족한 부분을 메워 가야 높은 성적을 받을 수 있다.

실험을 집중적으로 공부하라

과학공부를 무엇부터 시작해야 할지 모르면 우선 교과서에 나오는 실험을 집중적으로 살펴보는 것이 좋다. 실험이 대부분 교과서의 핵심적인 부분이므로 실험에서의 가설 설정, 실험과정, 실험 결과 등을 이해한다면 핵심 개념을 이해하는 데 도움이 될 것이다.

■ 과학시험 대비를 위한 암기법

과학시험을 잘 보기 위한 암기방법을 보면 다음과 같다.

이야기로 만들어서 암기한다

과학은 개별 지식을 단편적으로 암기하기보다는 원인과 결과를 연계하여 이야기로 만들어서 암기하는 것이 좋다. 수생 생물로 말류, 플랑크톤, 어류에 대해서 암기해야 한다면 단편적인 지식으로 암기해야 하기 때문에 재미없지만, 이를 상상·탐구하며 이야기로 만들어 암기한다면 재미있을 것이다. 예를 들어, 말류는 프랑크톤이 먹고, 프랑크톤은 어류가 먹고, 어류는 사람이 먹는다는 먹이사슬과 연계한다면 기억하기 쉽고 재미있을 것이다.

그림으로 만들어서 암기한다

과학과목을 재미있게 암기하는 방법 중의 하나는 그림으로 만들어서 암기하는 것이다. 예를 들어, 동물에는 척추동물과 무척추동물이 있으며, 척추동물에는 어류, 양서류, 파충류, 조류, 포유류가 있다는 내용을 암기해야 한다고 하자. 이 경우 평면적으로 암기하는 것은 어렵지만 개념도나 마인드맵으로 만들어서 암기한다면 지식이 체계화되면서 암기하기가 훨씬 쉽다.

실험과 관찰을 하며 원인과 결과를 생각하면서 암기한다

과학과목에서 상당한 비중을 차지하는 것은 관찰과 실험이다. 그러나 관찰과 실험 시간에 그 과정을 단순히 지켜보기만 한다면 공부에 전혀 도움이 되지 않는다. 관찰과 실험 과정에서 '어떤 원인이 이러한 결과를 가져왔는가?' '지금처럼 한다면 과연 어떤 결과가 나올까?'를 생각하면서 중요한 내용을 암기해야 한다. 이처럼 의식 있는 관찰과 실험은 경험한 것과 같기 때문에 장기기억으로 저장되기가 쉽다.

그래프나 도표, 그림을 암기한다

과학시험 문제를 보면 유난히 많이 출제되는 것이 그래프나 도표, 그림이다. 실제로 과학은 교과서를 봐도 그래프, 도표, 그림이 유난히 많은 과목이다. 따라서 핵심 개념과 연관된 그래프, 도표, 그림은 반드시 익히는 것이 좋다. 그래프, 도표, 그림 등을 외우는 것은 문장을 외우는 것보다 오래 기억에 남는다. 그래서 문장도 그래프, 도표, 그림 등을 연상해서 외우면 훨씬 수월하다.

오답 노트를 작성한다

과학은 생각 외로 난해한 문제가 많아서 틀리는 문제가 많다. 따라서 그동안 풀었던 문제집이나 참고서에서 틀린 문제를 그냥 지나치지 말고 오답 노트에 정리하고 다시 풀어 보는 것이 바람직하다.

오답 노트를 정리하면 자신이 부족한 부분은 어디인지 확인하고 다음에 비슷한 문제나 똑같은 문제가 출제되었을 때 실수를 반복하지 않을 수 있기 때문이다.

사회시험 지도전략

사회는 일반사회나 역사, 지리 등의 과목으로 구성되어 있어서 그 어떤 과목보다 암기할 내용이 많다. 그래서 보통 사회과목을 암기과목이라고만 생각하기 쉽다. 이해를 주로 요하는 수학이나 과학 과목을 좋아하는 학생일수록 암기를 많이 해야 하는 사회과목을 재미없어 하는 경우가 있다. 그러나 사회과목을 암기과목이라고만 단정짓지 말고 이해와 같이 병행한다면 의외로 쉽게 암기할 수 있는 방법이 있다. 특히, 전반적으로 모든 과목의 성적이 낮은 학생들은 사회과목의 암기방법만 익힌다면 바로 성적을 올릴 수 있는 장점이 있다.

■ 사회시험 출제 방향과 고득점을 위한 노하우

초등학교에서 배우는 사회는 크게 인간과 사회, 인간과 시간을 다룬다. 초등학교 사회에서 고득점을 받기 위해서는 문장을 이해하는 능력이 필요하다. 사회는 교과서에 나오는 내용이 가장 중요하므로 참고서를 보거나 다른 문제를 푸는 것보다 교과서에 충실해 하나라도 더 이해하면서 공부하는 것이 좋다. 이해가 잘 되지 않거나 흥미가 없다면 해당 단원과 관련된 배경 지식이 될 만한 재미있는 책을 읽는 것도 좋은 방법이다.

중학교에서는 국사와 사회로 분리하여 배우지만, 사회는 시험에서 굉장히 다양한 내용을 포함하여 다루고 있다. 초등학교 사회시험에서는 사회생활을 하는 데 필요한 기본적인 지식을 출제하지만, 중학교 사회시험에서는 사회현상에서 세분화된 내용을 출제한다.

중학교 사회 시험에서는 기본적으로 배운 내용을 바탕으로 단순하게 물어보는 문제들의 출제 빈도가 높기 때문에 교과서를 중심으로 수업을 잘 들으면 충분히 해결할 수 있는 문제가 많다. 반면에 고등학교 사회 시험문제에는 사실적인 문제를 한 번 꼬아 내는 문제들이 꽤 섞여 있다.

사회과목은 다른 과목에 비해서 외울 것이 많다. 그러나 높은 성적을 얻기 위해서 무작정 모든 교과서의 내용을 암기하는 것은 매우 비효율적이다. 효율적인 암기를 하기 위해서는 전략과 기술이 필요하다. 사회과목에서 효율적인 암기를 하기 위해서는 학습내용에 대한 충분한 이해가 선행되어야 한다. 즉, '선이해, 후암기'를 해야 한다. 이해도 못하고 무작정 외웠다가는 시험 보기 직전에 머릿속에 하나도 생각나지 않거나 다른 과목이나 내용과 섞이기가 쉽다. 따라서 사회공부를 할 때는 스토리 중심으로 '무엇이 중요한가?' '나라면 무엇을 출제할 것인가?' '왜 이런 결과가 나오는가?' '다른 사건과 어떤 연계되는가' 등을 생각하면서 공부해야 한다.

▣ 사회시험 대비를 위한 암기법

사회시험을 잘 보기 위한 암기방법을 살펴보면 다음과 같다.

용어의 개념을 명확히 하고 암기하라

사회과목에는 새로운 용어들이 넘쳐난다. 그래서 새로운 용어들을 정확히 이해하지 않고는 암기하기가 어렵다. 그러나 요즘의 학생들은 한자교육을 받지 않은 탓에 새로운 단어가 나타나면 개념 정의가 잘 되지 않아 암기하는 것이 쉽지 않다. 따라서 교과서에 새롭게 나오는 전문적인 용어나 낯선 개념들의 경우 사전을 찾거나 교사에게 정확한 뜻을 물어서 원뜻부터 이해해야 한다.

개념을 연결하거나 개념도를 만들어 암기하라

사회과목은 대부분 사회현상과 역사에 대한 내용이 많은데, 이들은 어떠한 핵심 개념을 중심으로 하위 개념을 발전시키거나 범주화할 수 있는 내용이 많다. 따라서 사회과목의 내용은 개별 지식들을 단편적으로 암기할 것이 아니라 개념들을 서로 연결시키거나 개념도를 만들어서 암기한다면 연상작용과 함께 장기기억으로 만들 수 있다.

나뭇잎보다는 줄기를 보며 암기하라

사회과목은 흐름과 역사적인 시각에서 암기를 해야 한다. 특히, 국사 교과서는 사건들의 연대기적 나열로 이루어지기 때문에 단편적인 지식만을 암기했다가는 암기내용이 뒤죽박죽이 되기 쉽고, 기억의 간섭현상으로 제대로 상기하기도 어렵다. 따라서 시대별(고대, 중세, 근세) 또는 국가별로 내용을 분류하여 큰 줄기를 만들고, 이를 바탕으로 나뭇잎인 세부 내용을 암기해야 장기기억으로 연결될 수 있다.

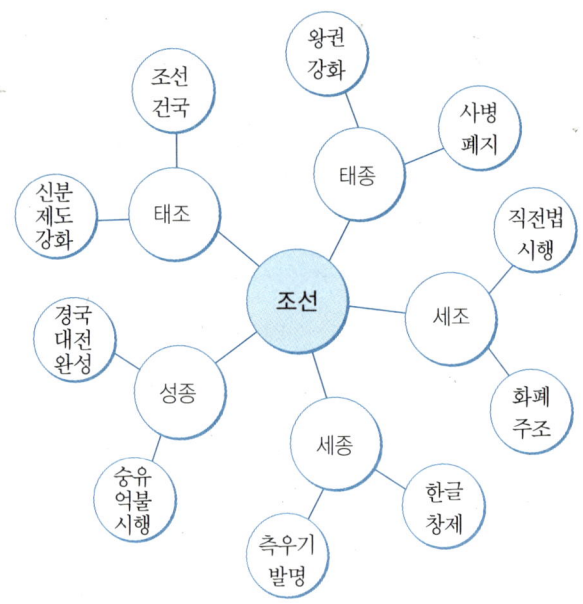

조선 역대 왕들의 업적 개념도

문제를 많이 풀어 보라

사회과목은 암기할 것이 많기 때문에 암기를 다했다고 해서 바로 공부를 끝낼 것이 아니라 문제 풀이를 반드시 병행해야 한다. 이처럼 암기한 것을 바탕으로 문제를 푸는 것은 암기한 지식을 점검하는 데 도움이 될 뿐만 아니라 암기내용을 재구성하여 장기기억으로 만들 수도 있다. 더 나아가 다양한 문제 해결을 통해 응용방법을 익히기 때문에 비슷한 문제가 출제되었을 때도 문제 해결이 수월해진다.

배경 지식을 활용하여 암기하라

사회과목은 개별 지식을 단편적으로 암기하는 것보다 사회적 상황과 배경을 바탕으로 원인과 결과를 연계하여 암기하는 것이 좋다.

사회는 단어나 개념 위주로는 암기하기가 어렵고 재미가 없지만 그것을 자신이 가지고 있는 배경 지식과 당시의 사회적 상황을 연계해서 암기하면 효과적이다. 예를 들어, 태조 이성계의 업적에 대해 암기해야 하는 경우를 생각해 보자. 이 경우 태조는 고려를 멸망시키고 조선을 세웠기에 나라를 정비하는 일이 가장 필요했다는 배경 지식을 숭유억불 정책(고려를 혼란하게 만든 불교를 배척하고 새로운 유교를 장려함), 농본정책(농민들의 마음을 사고 고려 말의 무신정권의 피해를 줄이기 위해 농업을 적극 장려함), 사대교린 정책(명나라와 친하게 지내려고 노력함) 등과 연계한다면 기억하기도 쉽고 재미도 있을 것이다.

06

시험공부에도 요령이 필요하다

- 시험공부에도 요령이 필요함을 지도한다
- 시험공부 시간을 줄여 주는 암기방법
- 시험공부 시간을 줄여 주는 복습전략
- 기억턱을 활용하게 하라
- 오래 기억하려면 복습주기를 활용하게 하라
- 벼락치기 공부에도 비법이 있다

06 시험공부에도 요령이 필요하다

시험공부에도 요령이 필요함을 지도한다

공부는 열심히 하는데 성적이 공부한 만큼 오르지 않아 고민하는 학생이 많다. 여러 가지 요인이 있겠지만, 대개는 평소에 시험을 전제로 공부를 하지 않는 공부 습관 때문이다. 국사를 예로 들면, 공부할 때마다 앞부분부터 공부해서 정작 뒷부분에 와서는 집중도가 떨어지는 경우가 있다. 실제 시험은 조선 이후 근현대사에서 많이 출제되는데 이와 같이 신석기, 구석기 시대 부분만 열심히 공부한다면 바람직한 공부라고 할 수 있겠는가?

평소에 '이 부분에서 선생님은 시험에 뭘 출제하실까?' '오늘 수업시간에 배운 내용 중 중요하고 암기할 내용은 무엇이있지?'라고 스스로 물으면서 공부한다면 공부 효율이 올라가고 성적도 그에 비례해 향상될 것이다.

상급학교로 갈수록 배워야 할 과목은 많고 그에 따른 참고서나 풀어 봐야 할 문제집도 많다. 그러다 보니 항상 시간이 모자라 허둥대야 하고 수면시간까지 줄여 가며 공부하는 것이 사실이다. 그렇다고 기초실력이나 공부능력 또는 노력의 정도가 비슷한데도 어떤 학생은 시험 성적을 잘 받고 어떤 학생은 잘 못 받는 것을 볼 수 있다. 왜 그럴까? 그것은 시험문제가 출제될 핵심 부분을 찾아내어 그것을 중점적으로 확실하게 공부하는 것에 승패가 달려 있다.

▣ 수업에 집중하게 한다

수업 중 교사가 목소리를 높여 특별히 강조하였거나, 몇 차례씩 반복하여 설명하였거나, 수업을 마칠 시간에 요약해 주었거나 하는 부분은 핵심이 되는 부분이다. 특히, 수업 전에 예습을 해서 핵심이 되는 학습 요점을 표시해 두었다가 수업시간에 강조한 것과 같은지를 파악하는 것이 좋다. 학습 요점을 체계적으로 파악하고 정리해서 요점 노트를 만들고, 이것을 교과서나 참고서의 요점 표시 부분과 함께 시험공부의 핵심으로 활용해야 한다.

▣ 시험공부를 하기 전 기출문제를 풀어 보게 한다

시험공부를 하기 전에 기출문제를 풀어 보는 것은 자연스럽게 어떤 단원이 중요한지, 어떤 내용이 자주 출제되는지, 문제 유형은 어떤지를 알 수 있게 해 준다. 뿐만 아니라 자신의 선행 지식 수준을 평가하게 해 주는데, 이러한 선행 지식은 시험공부를 얼마나 해야 할지, 어떻게 해야 할지를 결정하는 데 기준이 된다.

▣ 요점 노트로 공부하게 한다

요점 노트는 학교나 학원에서 배운 노트나 교과서를 바탕으로 꼭 기억해야 할 내용들을 요약해서 적은 노트다. 요점 노트는 적는 것이 중요한 게 아니라 그 활용법이 중요하다. 요점 노트는 시험기간에 다시 한 번 암기해 보고, 각 단원의 내용에서 중요하게 다루어지는 중심 내용이 무엇인지를 머릿속에 떠올리며 공부하는 데 좋다. 시험기간은 요점 노트를 활용하면 가장 큰 효과를 볼 수 있는 시기다.

▣ 오답 노트로 공부하게 한다

문제지를 푼 다음이나 시험이 끝나고 나서 그것을 덮어 버리면 이미 틀렸던 문제를 다시 만나도 틀릴 확률이 높다. 이에 오답 노트를 만들어 검토하면 다음에 똑같은 문제를 만난 경우 **틀리지** 않아 시험 성적을 높일 수 있다.

오답 노트 양식

순서	교재명	단원명	문항번호	문제 푼 날	복습한 날

문제	난이도: (상) (중) (하)
	틀린 이유 ① 문제 이해 부족 ② 개념 이해 부족 ③ 풀이과정 실수 ④ 기타:
풀이	

　　오답 노트에는 틀린 문제를 베껴 쓰고 틀린 이유(몰라서, 정확하게 기억이 나지 않아서, 찍어서 등)를 기록한다. 오답 노트는 연습문제나 시험문제 중 틀린 것을 적은 것이므로 시험 보기 전에 꼭 한 번씩 검토해 보아야 한다.

■ 벼락치기 공부는 하지 않게 한다

　　벼락치기 공부는 평상시에 예습과 복습을 하지 않고 있다가 시험 기간이 가까워지면 짧은 시간 동안에 몰아쳐서 공부하고 시험을 보는 것을 말한다. 벼락치기 공부는 시험 분량이 적은 초등학교의 시험에서는 효과를 볼 수 있겠지만 시험 분량이나 과목이 많아지는 중학교부터는 효과를 보기 힘들다.

▣ 공부는 순서대로 하게 한다

시험공부는 무작정하는 것이 아니라 일정한 순서를 가지고 해야 효과가 있다. 첫째, 시험을 볼 단원의 학습목표를 전체적으로 보면서 무엇을 배웠고 무엇이 중요한지를 생각한다. 둘째, 그것을 토대로 교과서와 프린트, 노트, 교과서 등을 살핀다. 셋째, 문제집을 풀어서 이미 풀었던 문제들 중 틀린 것과 혼동되는 것을 다시 보는 것이 효과적이다.

금을 캐고 싶으면 우선 금광맥부터 찾아야 하듯이, 시험을 잘 보려면 시험문제가 출제될 핵심부터 찾아내야 한다. 핵심 내용은 다시 간추리고 또 간추린 핵심은 머릿속에 암기해 두었다가 시험 볼 때 꺼내어 쓸 수 있어야 좋은 성적을 올릴 수 있다.

🪜 시험공부 시간을 줄여 주는 암기방법

시험공부에서 '암기'란 시험 범위의 학습내용을 외우는 것을 말하며 '암기력'은 외우는 능력을 말한다. 학습내용이 시험문제를 풀 수 있는 기본 지식을 제공하기 때문에 암기는 고득점을 위해서 꼭 필요하다. 수능이나 모의고사는 암기한 내용을 바탕으로 종합적 사고력이나 문제 해결력을 평가한다. 그리고 내신이나 수능은 교과서의 내용을 단답식으로 질문하는 문제가 많으므로 고득점을 얻으려면 교과서의 내용을 꼼꼼히 암기해야 한다. 결국 암기력은 시험 성적을 좌우한다고 해도 과언이 아니다.

시험공부에서 중요한 것은 짧은 시간 내에 많은 양의 학습내용을 정확하게 암기하는 것이다. 물론 머리가 좋아야 암기가 잘되겠지만, 너무 머리만 믿고 암기를 하지 않는다면 좋은 성적을 얻기가 어렵다. 반면에 머리가 나쁘더라도 암기방법을 익혀 차근차근 암기한다면 높은 점수를 얻을 수 있다.

사람은 어느 누구나 학습내용을 한 번 보고 전부 외울 수는 없다. 다만, 암기방법을 얼마나 알고 있느냐와 모르느냐의 차이가 시험 성적을 결정할 뿐이다. 시험을 잘 보기 위한 암기전략을 살펴보면 다음과 같다.

■ 먼저 이해하고 암기한다

앞서 언급한 바 있듯이, 높은 성적을 얻기 위해서 모든 학습내용을 무작정 암기하는 것은 매우 비효율적이다. 효율적인 암기를 위해서는 먼저 학습에 대한 충분한 이해가 필요하고, 그다음 전략과 기술이 필요하다. 즉, '선이해, 후암기'를 해야 한다. 이해도 못 하고 무작정 외웠다가는 시험 보기 직전에 머릿속에 하나도 떠오르지 않는 경우가 많다. 따라서 '문제가 원하는 답이 무엇인가?' '왜 그런 결과가 나오는가?' '어떠한 과정을 거쳐 답이 나오는가?'를 잘 알면서 외워야 정확하게 시험문제를 풀 수 있다. 예를 들면, 수학 공식을 외울 때 유도과정을 확실히 안다면 그것이 쉽게 머릿속에 각인되어 기억에 오래 남게 된다. 암기과목은 스토리 중심으로 이해하면서 외우면 효과적이다. 국어는 문맥을 이해하면서 단어의 상징성 등을 암기해야 하고, 특별히 중심 문장을 단락별로 외울 것이 아니라 전체를 이해하며 외워야 한다.

▣ 오감을 활용하여 암기하게 한다

암기를 할 때 교재나 노트를 눈으로만 훑는 것은 도움이 되지 않는다. 짧은 시간에 고효율적인 암기를 하려면 머릿속의 학습내용을 교재나 노트를 보지 않고 오감으로 표현하게 하는 것이 좋다.

오감으로 암기하는 방법은 머릿속에 있는 학습내용을 손으로 써 보거나 읽어 보거나 몸의 움직임으로 표현하는 것이다. 오감을 전부 활용하면 눈으로 훑어보는 것보다 훨씬 오랫동안 기억에 남게 된다.

▣ 남을 가르치며 암기하게 한다

수업이 끝난 후 쉬는 시간에 친한 친구를 찾아가 수업시간에 배운 것을 마치 교사처럼 가르쳐 주도록 하자. 그러면 자신도 모르게 확실한 암기 효과가 생긴다. 남을 가르치기 위해서는 처음부터 끝까지

철저히 들어야만 하기 때문에 수업에 대한 집중도도 좋아지고 들은 것을 바로 암기하는 데 효과적이다.

■ 묵독과 암송을 1 대 4로 배분하며 암기하게 한다

『하루 10분 초간단 기억의 법칙』(나이토 요시히토 저, 이은희 역, 팜파스, 2006)을 보면 학습심리학자 게이츠(Gates)는 묵독과 암송을 1 대 4로 배분하여 암기하는 것이 가장 효과적이라고 했다. 묵독이란 암기할 것을 읽는 것을 말하고, 암송이란 쓰거나 읽으면서 암기하는 것을 말한다. 그래서 묵독과 암송을 1 대 4로 배분하라는 것은 한 번 읽고 네 번 반복해서 쓰거나 소리 내어 외우는 것을 말한다.

일반적으로 많은 학생들이 묵독이나 암송 어느 하나에만 집중적으로 투자하는 경향이 있다. 하지만 너무 한쪽으로 치우치면 시간 낭비를 하게 되므로 묵독과 암송의 시간을 1 대 4로 배분하는 것이 필요하다.

■ 암기한 것을 그 자리에서 테스트하게 한다

일부 학생들은 눈으로만 본 후 머릿속에 떠올릴 수 있으면 바로 공부를 끝내는 경우가 있다. 그러나 공부가 끝나고 나면 기억을 못하는 경우가 많다. 따라서 암기한 내용을 그 자리에서 기억해 내는 것뿐 아니라 보지 않고 써 보는 것이 더 확실히 암기하게 해 준다. 더 나아가 금방 암기한 것이라도 연습문제나 평가문제 등을 풀어 봄으로써 암기한 것을 정확히 확인하여 자기 것으로 만들도록 하는 것이 필요하다.

■ 취침 전 30분에 집중적으로 암기하게 한다

『휴먼스킬』(다고 아카라 저, 송진명 역, 스타북스, 2007)을 보면 미국의 심리학자인 젠킨스(Jenkins) 박사는 평균 점수 차이가 없는 학생들을 A와 B 두 그룹으로 나누어 각각 같은 수업을 한 후, A그룹은 수업이 끝나고 바로 자게 했고 B그룹은 자유시간을 주었다. 실험 결과, 강의내용 기억량이 A그룹은 평균 56%였던 데 반해 B그룹은 9%에 불과했다. 뿐만 아니라 취침 전 30분에 암기한 것이 가장 기억에 많이 남는 것으로 나타났다. 사람은 어떤 일을 하든지 끝나기 직전에 집중력이 가장 높고 효과도 높다. 마라톤 선수가 목표 지점에 가까이 왔을 때 최대한 전력질주를 하는 것을 보면 이해할 수 있을 것이다.

■ 암기력 향상을 위해 공부 전 유산소 운동을 하게 한다

암기는 뇌의 상태와 깊은 상관이 있다. 뇌가 맑으면 주의력이 높아져 암기하기 쉽지만, 뇌가 탁하면 주의 집중도 어려우며 암기하기가 쉽지 않다. 머리를 맑게 하고 활기차게 하기 위해서는 공부하기 전에 경보나 맨손 체조와 같은 간단한 유산소 운동을 하는 것이 좋다. 유산소 운동을 하면 혈액순환이 좋아져 뇌에 산소 공급이 원활해지고 뇌의 활동이 활발해진다. 그러나 심하게 할 경우에는 숨이 차고 심장이 빨리 뛰어 오히려 암기에 방해가 된다.

시험공부 시간을 줄여 주는 복습전략

복습은 학교 수업에서 들은 것이나 스스로 공부한 것을 다시 공부하는 것을 말한다. 예습이 어두운 밤의 손전등과 같다면, 복습은 안전한 고속도로를 가는 것이다. 복습은 수업이나 공부를 하고 나서 빠른 시간 안에 할수록 효과적이며 최소한 일주일 안에 이루어져야 한다. 그리고 모아서 한 달에 한 번 복습하는 것이 좋다. 암기는 결국 반복의 결과이므로 복습을 많이 할수록 암기력은 높아진다.

대학에 수석 입학하거나 고득점을 받는 학생 중에 잠을 충분히 자고 학원도 다니지 않은 학생은 바로 예습과 복습을 철저히 했기 때문이다. 복습 습관을 들이면 시험에 임박해서 벼락치기 공부를 하지 않아도 된다. 복습을 하지 않다가 시험에 임박하여 다시 공부할 때는 그 내용을 배웠나 싶을 정도로 잘 생각나지 않지만, 한 번 복습한 내용은 다시 보면 빨리 기억이 나고 공부 시간도 단축된다. 결국 적은 공부시간에 매우 높은 효과를 볼 수 있는 것이 바로 복습이다. 공부를 잘하기 위한 복습전략은 다음과 같다.

■ 남을 가르쳐 보게 한다

시험공부 시간을 줄여 주는 암기방법과 마찬가지로 수업이 끝난 후 쉬는 시간에 짝이나 친한 친구를 찾아가 이번 시간에 배운 것을 마치 교사처럼 알려 주자. 친구를 위해 수업시간에 배운 것을 가르치다 보면 자신도 모르게 확실한 복습 효과가 생긴다.

▣ 쉬는 시간을 이용하여 복습하게 한다

수업 종료 후 쉬는 시간에 바로 교실을 나가지 말고 잠시 복습시간을 갖는다. 방금 배운 내용이므로 기억하기 쉬우며, 반복학습을 하므로 암기하는 데도 도움이 된다. 복습할 때는 전 시간에 필기한 노트나 교과서를 가지고 한다. 집에 가서 복습을 하면 복습시간이 더 많이 소요될뿐더러 기억에 남지 않는 것도 있기 때문이다.

▣ 오늘 배운 것은 집에서 다시 전체적으로 복습하게 한다

쉬는 시간에 복습했더라도 집에 가서 다시 한 번 배운 내용 모두를 전체적으로 복습한다. 복습이 다 끝나면 보충교재에 있는 관련 단원의 연습문제와 보충·심화문제, 단원평가 문제, 수행과제 등 기본에서부터 심화에 이르기까지 문제 풀이를 해 본다. 당일 복습하는 습관을 길들이면 시험 때가 되어 벼락치기 공부를 하지 않아도 기억에 오래 남게 된다.

▣ 수업시간의 필기내용을 다시 필기하게 한다

수업시간에 교사의 설명을 듣고 노트 필기한 내용은 집에 와서 교과서와 비교하면서 교과서의 해당 내용에 밑줄을 긋는다. 그다음에는 참고서를 보면서 요약·정리를 한 후 종합하여 중요한 것들을 필기한다. 그리고 나서 참고서에 나온 확인문제를 풀면 그날 배운 단원의 이해는 거의 완벽해진다. 필기를 다시 하는 것은 학습내용을 완벽하게 기억하는 데 도움이 된다.

▣ 교과서에 나온 문제를 모두 풀게 한다

교과서의 본문이 끝나고 단원의 끝부분에는 보충·심화할 수 있는 문제 및 자료들이 수록되어 있다. 교과서에서 제공하는 문제들은 본문내용을 다각도로 활용한 것이므로 수업을 듣고 이것만이라도 제대로 풀고 넘어간다면 해당 단원의 복습 효과가 뛰어날 것이다.

▣ 수업내용이 기억나지 않으면 참고서로 찾게 한다

노트나 교재로 복습을 하다 수업내용이 잘 떠오르지 않거나 잘 모르겠으면 참고서를 찾아 읽으며 보충한다. 교과서에는 방대한 내용 중 핵심만 간결하게 수록되어 있기 때문에 사실상 깊은 이해가 힘들다. 참고서에는 전후 배경이 자세하게 제시되어 있어 이해하기 쉬워 외우지 않고도 머리에 쏙쏙 들어오는 효과가 있다.

▣ 복습 노트를 만들어 사용하게 한다

암기과목 중 외울 게 많은 것은 시간이 지날수록 기억하기가 힘들어진다. 따라서 외울 것이 많은 과목은 공부시간도 몇 배나 소요되고, 힘은 힘대로 들고 점수는 점수대로 얻기가 힘들어진다. 이런 어려움을 예방하기 위해 복습 노트를 만들어 그날 배운 내용 중 외워야 할 것들을 요약·정리한다. 꾸준히 정리해 두면 시험 때 한 번 훑어보는 정도로도 암기과목은 고득점을 보장할 수 있다.

■ 주말을 이용해 일주일 단위로 복습하게 한다

학생들은 방과 후에 학원에 가느라 바빠 예습·복습을 할 시간이 부족하다. 이럴 경우 주말을 이용해 일주일 단위로 몰아서 복습을 하는 것이 좋다. 일주일 정도의 기간이면 그 주에 배운 내용이 어느 정도 기억이 나기에 무리가 없다.

기억력을 활용하게 하라

기억력은 이전의 인상이나 경험을 의식 속에 간직해 두는 능력을 말한다. 기억력은 우리가 세상을 살아가는 데 필수적인 능력이다. 만약 우리에게 기억력이 없다면 매일 만나는 부모도 몰라볼뿐더러 아무리 많은 내용을 암기해도 하나도 기억에 남지 않게 된다.

기억은 정보를 감각기관을 통해서 입수한 후 받아들여 저장하고, 필요할 때에 불러내는 일련의 과정을 말한다. 따라서 저장했으나 필요할 때 불러올 수 없다면 기억이라 보기가 어렵다. 기억이 이루어지는 곳은 인간의 뇌 중에서 해마라는 부분으로 알려져 있다. 이곳의 신경세포가 자극을 받으면서 기억이 형성되는 것이다.

기억은 인식, 기간 그리고 방법에 따라 분류할 수 있다.

■ 인식에 따른 분류

성장기별로 초등학교 저학년에는 무조건적으로 외우는 기계적 기억이 발달하지만, 초등학교 고학년으로 접어들 무렵에는 이해하고 외우려는 논리적 기억이 우세해진다. 그래서 어릴수록 암기에 능하고, 나이를 먹을수록 암기보다는 논리적 기억에 의존하는 경향이 있다. 또한 공부와 관련된 암기전략은 거의 도식적 기억에 의존한다. 학습이라는 견지에서는 단순한 기억보다 이해가 중시되기 때문에 무조건적인 암기를 강요하는 일은 바람직하지 못하다.

인식에 따른 기억의 종류

구분	내용
기계적 기억	문제의 뜻을 파악하지 않고서 암기했다가 불러오는 것을 말한다. 무의미한 문제나 단편적 지식인 인명·지명·상품명·연대·전화번호 등은 기계적으로 기억하지 않으면 안 된다. 이 경우에는 반복해서 읽는 방법으로 암기한다.
논리적 기억	문제의 뜻을 잘 파악해서 명기했다가 재생하는 것을 말한다.
도식적 기억	문제의 뜻을 파악하는 대신 그것을 일정한 순서나 틀에 맞추어 암기했다가 재생하는 것을 말한다.

■ 기간에 따른 분류

감각기억

전에 감각하였던 것이 머릿속에 머물다가 갑자기 기억되는 것을 말한다. 매우 피곤할 때 이전에 들은 말이 환각처럼 들리는 것, 어디서 본 듯한 느낌이 드는 것이 그 예다. 감각기억은 보고 들은 후 그것이 0.1초 정도 잠시 머릿속에 머물러 있다가 사라지는 것이다.

단기기억

단기기억은 임시로 또는 단기간에 필요한 정보를 입력하고 저장하고 재생하는 기억을 말한다. 상대방 전화번호의 기억, 오늘 가야 할 약속 장소의 노선 같은 것들을 약 15~20초 정도 기억하는 것이다. 전화번호가 대개 7~8자리로 되어 있는 것도 이 때문이다. 이처럼 단기기억의 용량은 아주 제한적이기 때문에 주의를 기울이지 않으면 쉽게 잊어버릴 수 있다. 따라서 듣고 본 것 중에서 기억에 오래 남기려면 바로 메모하는 습관을 들여야 한다.

장기기억

장기기억은 우리가 보통 기억이라고 부르는 것으로 거의 무한한 용량을 가지고 있으며 기억기간도 영구적이다. 예를 들면, 초등학교 때의 친구들을 오랜 시간이 지나도 기억할 수 있는 것은 장기기억 덕분이다. 그러나 모든 기억이 장기기억이 되는 것은 아니다. 자주 반복해서 기억하거나, 체계적으로 정리해서 집어넣거나, 가끔씩은 무엇을 기억했는지 확인해야 시간이 지나도 잊어버리지 않는 장기기억이 된다.

■ 방법에 따른 분류

경험기억

주로 과거의 경험으로 인해 연결된 기억을 말한다. 경험기억은 공부하고 나서 시험을 보는 데 사용된다. 초등학교 저학년 때까지만 해도 무조건 외우는 기계적인 기억을 하지만, 초등학교 고학년으로 갈수록 경험기억에 의존하게 된다.

운동기억

운동 중에 속도나 방향 따위에 대한 자기 몸의 감각을 새겨 두는 기억을 말한다. 이 기억을 통해 공을 던지거나 자전거를 탈 때 자신도 모르게 몸의 균형을 맞추게 된다. 운동에서 자기만의 변칙적인 자세가 잡히면 나중에 바른 자세로 고치려고 해도 쉽게 고쳐지지 않는 것은 운동기억 때문이다.

지식기억

머리로 외우는 기억으로 전혀 연관관계가 없는 지식을 암기할 때 사용된다. 특히, 시험공부를 할 때 언어, 구구단과 같은 의미 없는 기호, 기존 정보와의 연결이 없는 지식을 받아들일 때 유용하다. 중학생 때 가장 발달하기 때문에 벼락치기 형태의 임기응변식 시험공부 기법이 이 시기에 자연스럽게 나타난다. 그러나 거듭 말하지만 무조건 암기하는 방식은 중학교까지만 가능하고, 고등학교 이후부터는 이해하지 않거나 지속적으로 공부하지 않으면 별 효과가 없다.

나이를 먹을수록 암기력이나 기억력이 떨어지는 것이 아니며 뇌가 정보를 저장하는 방법이 무조건 외우는 지식기억에서 이해를 요구하는 기억으로 바뀌는 것이다. 따라서 중학교까지만 해도 머리가 좋으면 수업만 잘 들어도 공부를 잘할 수 있지만, 고등학교부터는 이해와 반복을 병행해야만 공부를 잘할 수 있다.

무의식적 기억

무의식적으로 기억되는 기억을 말한다. 무의식적 기억은 쉽게 잊혀지지 않으며 오래 유지된다. 따라서 무의식적으로 배운 것은 쉽게 고쳐지지가 않아 마법의 기억이라고 이야기한다.

무의식적인 기억은 다른 기억에 비해 학습의 전이현상이 가장 잘 나타난다. 축구를 잘하는 사람이 족구도 잘 하는 것과 같은 이치다.

이상으로 기억의 종류에 대해 살펴보았다. 시험에 도움이 되도록 기억을 활용하기 위해서는 인식에 따라서는 기계적 기억보다는 논리적 기억이나 도식적 기억으로, 기간에 따라서는 단기기억보다 장기기억으로, 방법에 따라서는 경험기억보다는 지식이 되도록 해야 한다.

🖋 오래 기억하려면 복습주기를 활용하게 하라

암기는 결국 반복의 결과라고 할 수 있다. 벼락치기 공부를 하는 학생들이 시험이 끝나면 바로 암기했던 것들을 잊어버리는 이유가 지속적으로 반복하지 않았기 때문이다. 중학교에서부터 배우는 내용은 중학교에서만 끝나는 것이 아니라 고등학교에서도 기본 지식이 된다. 따라서 한 번 암기한 것은 오랫동안 기억되어야 한다. 그러기 위해서는 토니 부잔(Tony Buzan)의 복습주기를 활용하는 것이 효과적이다.

토니 부잔은 기억을 오랫동안 유지하기 위해 1시간 공부한 후 10분간 복습을 하면 일주일 동안 기억되며, 24시간 뒤에 2~4분 동안 복습하면 15일 동안 기억되며, 7일 뒤에 2분 동안 복습하면 한 달 동안 기억되고, 30일 뒤에도 2분만 보면 6개월 이상의 장기기억이 된다고 했다. 그리고 그 이후부터는 몇 달 만에 잠시만 보아도 영구기억이 될 수 있다고 했다.

결국 토니 부잔에 따르면 장기기억을 갖게 하는 데 가장 중요한

장기기억을 위한 효과적인 복습주기

구분	시간 경과	복습량(분)	장기기억
1	1시간	10	7일
2	24시간	2~4	15일
3	7일	2	30일
4	30일	2	6개월
5	몇 달 뒤	조금	장기기억

것은 일정한 주기에 따라서 반복적인 복습을 하여 기억을 오랫동안 유지하는 것이다. 따라서 학습을 하고도 기억이 나지 않는다거나 혼동된다고 하는 학생들에게는 주기적인 복습을 지도하는 것이 좋다. 반복적인 복습을 하지 않고 벼락치기 공부를 하면 그만큼 시간의 경과에 따라 기억이 소멸되기 때문에 나중에 같은 내용을 공부할 때에도 시간이 오래 걸린다.

벼락치기 공부에도 비법이 있다

평상시에는 공부를 하지 않다가 시험 볼 때쯤에 많이 하는 것을 벼락치기 공부라고 한다. 벼락치기 공부는 공부를 하지 않던 학생들에게 짧은 시간에 효과를 볼 수 있게 해 줄 수는 있지만 공부내용이 장기기억으로 저장되지 못한다는 문제가 있다. 뿐만 아니라 시험 전날에는 밤을 새다시피 하기 때문에 정작 학교에서 시험 보는 중에 졸거나 머리가 맑지 못해서 암기한 것이 기억나지 않을 때도 있다. 따라서 되도록 벼락치기 공부를 해서는 안 된다. 어쩔 수 없이 벼락치기 공부를 해야만 한다면 무작정 밤을 새며 공부할 것이 아니라 벼락치기 공부방법을 알고 하는 것이 좋다.

효과적인 벼락치기 공부방법에 대해 살펴보면 다음과 같다.

▣ 과목 순서를 정해서 공부하라

벼락치기 공부에서는 과목별로 공부 순서를 정하는 것이 중요하다. 일부 학생들은 어려운 과목은 아예 포기하고 높은 성적을 얻을 수 있는 과목만 하는 경우가 있다. 그러나 어떤 과목을 포기하기보다는 모든 과목을 공부하겠다는 목표 아래 시험을 먼저 보는 과목부터 순서대로 공부하는 것이 좋다. 마지막으로 보는 과목을 미리 공부해 두면 시간이 지날수록 잊어버리게 되므로 가장 먼저 시험 보는 과목을 먼저 공부해야 효과적이다.

▣ 중요한 부분을 파악하라

일부 학생들은 평상시에 공부를 하지 않거나 수업을 전혀 듣지 않다가 시험을 볼 때에만 벼락치기 공부를 하게 된다. 따라서 시험 범위의 학습내용이 배운 것임에도 불구하고 생소하게 보이기가 쉽다. 이러한 경우 시험공부를 하면 모든 것을 공부해야 하기 때문에 투자한 시간 대비 효과가 떨어지기 쉽다. 따라서 벼락치기 공부에서도 공부해야 할 과목이나 시험 범위에서 무엇이 중요한지를 파악하고 핵심적인 것만 골라서 해야 한다.

일반적으로 시험공부를 할 때는 먼저 시험 범위의 내용을 공부한 다음 그 지식을 바탕으로 문제지를 푸는 방식으로 한다. 그러나 짧은 시간에 벼락치기 공부를 할 때는 시험 범위의 내용을 모두 완벽하게 공부하기에는 시간이 부족하기 때문에 중요한 것만 골라서 해야 한다.

중요한 것을 고르는 방법으로는 과목별로 시험공부를 하기 전에 이전의 기출문제를 구해서 풀거나 구하지 못할 경우 문제지를 풀어 보는 것이 좋다. 기출문제나 문제지의 문제는 나름대로 시험에 출제될 확률이 높기도 하지만 중요한 부분에서 나온 것이기에 변형되어 출제될 확률이 높다. 따라서 문제를 풀면서 문항과 지문에 관련된 내용을 교과서에 체크하고 그 부분들을 집중적으로 공부하면 짧은 시간에 중요한 것만 골라서 공부할 수 있다. 공부를 하고 나서는 새로운 문제지를 구해서 다시 풀어 보면서 최종적으로 부족한 부분들을 메워 가면 짧은 시간 공부했더라도 좋은 결과를 얻을 수 있다. 그리고 시험 보기 직전에는 기출문제나 문제지에서 틀린 문제들과 교과서에 체크해 놓은 부분들을 다시 한 번 집중적으로 공부하는 것이 좋다.

고득점을 위한
시험공부 지도전략

고득점을 위한 시험공부 지도전략

시험공부 계획표를 작성하게 하라

공부에도 계획이 필요하듯이, 시험공부에도 시험공부 계획을 세우면 시간을 효율적으로 사용할 수 있다. 시험공부 계획에는 시험에 대한 정보와 일자별 공부 계획이 포함된다. 시험에 대한 정보로는 과목별로 전 점수를 적고 그에 따른 목표 점수를 적어 얼마만큼 공부해야 하는지 그 목표를 정하게 한다. 그리고 시험 범위를 적어 공부의 양을 얼마나 해야 하는지를 참고하게 한다. 또한 학교에서 수업 중에 교사가 시험을 위해 보라고 한 참고서적이 교과서, 노트, 유인물 혹은 참고서인지를 적어 무엇을 가지고 공부할 것인지를 정하게 한다. 마지막으로 수업 중에 교사가 특별히 강조한 것이 무엇인가를 적게 한다.

시험공부 기간은 시험일을 기준으로 계획을 세우게 한다. 시험

공부는 중간고사는 15일 전부터, 그리고 기말고사는 20일 전부터 준비하면 여유 있게 공부할 수 있다. 실제 시험공부 계획표의 예는 다음과 같다.

시험공부 계획표의 예

구분	방법					
	과목	전 점수	목표 점수	시험 범위	참고서적	특징
시험 범위	국어	80	90	40~70쪽	노트, 교재	중간고사에서 일부 출제
	영어	75	85	45~65쪽	노트, 참고서	
	수학	85	95	30~70쪽	노트	일차방정식 위주
	과학	58	70	40~75쪽	문제집	
	사회	78	88	43~73쪽	참고서	
	기술	80	90	36~64쪽	교재, 노트	
공부 계획	D-20	국어		D-10		-
	D-19	영어		D-9		-
	D-18	수학		D-8		-
	D-17	과학		D-7		-
	D-16	사회		D-6		-
	D-15	기술		D-5		-
	D-14	-		D-4		문제집 풀기
	D-13	-		D-3		문제집 풀기
	D-12	-		D-2		총정리
	D-11	-		D-1		총정리
기타						

시험공부 계획표 실천을 위한 지도전략의 예

공부 계획	
D-20	본격적인 시험공부를 시작하도록 지도한다. 평소에 해 둔 메모와 필기를 중심으로 교과서와 교사가 준 학습지부터 읽도록 지도한다.
D-15	주요 과목을 한 번씩 더 차근차근 공부하며 자세한 부분까지 깊게 공부하도록 지도한다. 영어와 수학 문제는 평상시에 틈틈이 풀도록 지도한다.
D-10	영어와 수학 공부는 끝내도록 하며 종합 문제집으로 주요 과목의 문제를 풀어 보며 문제 유형을 파악하도록 지도한다.
D-7	그동안 풀면서 틀린 문제들을 한 번씩 더 풀어 보게 하며, 문제의 지문도 읽으며 이해하는 능력을 기르도록 지도한다.
D-6	기타 과목을 공부하기 시작하며, 교과서와 학습지를 중심으로 공부하며 주관식을 대비하여 개념들을 정리하도록 지도한다.
D-5	주요 과목을 다시 한 번 점검하도록 하며, 기타 과목 역시 병행하여 공부하도록 지도한다.
D-4	학생에게 가장 취약한 기타 과목과 주요 과목에 대해 최종적으로 문제집을 풀게 하고 부족한 부분을 골라서 공부하도록 지도한다.
D-3	시험 마지막 날 보는 과목을 공부하며 틀린 문제들은 한 번씩 더 보며 기타 과목도 공부하도록 지도한다
D-2	둘째 날 보는 과목을 공부하도록 지도한다. 교사가 수업 중에 강조한 부분을 떠올리며 부족한 부분을 찾아서 공부하게 한다. 틀린 문제들은 한 번씩 더 보며 기타 과목도 공부하도록 지도한다.
D-1	첫날 보는 과목을 공부하도록 지도한다. 마음을 편히 가지며 전체를 보기보다는 요약내용들을 읽어 보고 틀린 문제들을 다시 풀어 보도록 지도한다.
당일	평상시보다 조금 일찍 일어나며 마음을 편히 가지게 하여 일찍 학교에 보낸다. 첫날 시험 결과에 신경 쓰지 않게 하며, 시험이 끝나면 다음 날 시험공부에 몰입하도록 지도한다.

🖌 한 번만 읽어도 시험에 도움이 되는 읽기 지도전략

높은 성적을 얻기 위해서는 공부할 때 책을 어떻게 읽어야 하는지 읽기전략이 필요하다. 공부를 위해서 교재나 참고서를 읽는다는 것은 단순히 글자를 읽는 것이 아니라 글을 읽으면서 그 의미를 이해하고 학생의 배경 지식을 활용해 새로운 의미를 재구성하는 과정이다. 단순한 다독이나 속독은 오히려 창의력과 학습능력에 부정적인 결과를 가져올 수 있다.

독서는 양이 중요한 것이 아니다. 한 권을 읽더라도 그 내용에 깊이 빠져 웃기도 하고 눈물을 흘리며 감동을 느낄 수도 있는 독서 체험이 가장 중요하다. 연구 결과에 따르면 어렸을 때 책의 내용을 이해하지 못하고 건성으로 읽는 습관을 들인 아이는 초등학교에서 고학년이 될수록 책 읽기를 싫어하게 된다.

학생이 공부를 잘하기 위해서는 책을 잘 읽는 방법을 알고 있어야 한다. 책을 읽는 방법을 '읽기전략(reading strategy)'이라 한다. 전략적으로 책을 읽는다는 것은 자신의 배경 지식과 경험을 활성화하면서 예측하고 분석·비판하며 읽는 것을 말한다.

■ 읽기 전 단계

주제와 관련해 자신이 알고 있는 배경 지식을 떠올리며 읽기에 주의를 집중하도록 한다. 배경 지식을 끌어내는 것은 책을 읽는 목적을 분명하게 해 그 내용에 집중하게 함으로써 새로운 정보를 효과적으로 찾을 수 있게 한다. 또한 새로운 개념과 이미 알고 있는 것을 연관 짓도록 해 정보를 오랫동안 기억하게 만들어 준다. 그러기 위해서는 내용이 어떻게 전개될 것인지 미리 짐작해 본다든가, 그 글에서 자기가 특별히 알고 싶은 점이 무엇인지를 상상해 보는 일이 매우 중요하다.

읽기 전에 미리 내용을 상상해 보기

책을 읽기 전에 제목이나 저자, 서문, 소제목, 그림 등을 보고 글의 내용을 미리 상상해 보며, 책을 읽으면서 미리 상상해 본 것을 토대로 자신이 예측한 것을 수정·보완하고, 읽은 뒤에는 내용이 미리 상상한 것과 얼마나 같은지 점검해 본다. 읽기 전 미리 내용을 상상해 보는 질문의 예는 다음과 같다.

• 제목을 왜 이렇게 정했을까?

- 제목에 담긴 본래 뜻은 무엇일까?
- 내용은 어떻게 전개될까?
- 제목이 궁극적으로 전달하고자 하는 것은 무엇일까?

글에서 알고 싶은 점을 문제로 만들어 보기

책을 읽기 전에 문제 형식으로 만들어 궁금증을 유발하면서 책을 읽으면 뚜렷한 목적의식을 가지게 되어 읽는 내용이 구체적이고 분명한 것이 되어 기억에 오래 남게 된다.

▣ 읽기 중 단계

읽기 중에는 글에 집중하면서 글의 내용과 작가의 의도를 정확히 파악하고 이해하여 자기 입장에서 타당성 있게 해석·비판한다. 이때 독자는 교재의 글에서 중요한 내용을 찾아내어 적절한 방법으로 내용을 다음과 같이 구조화한다.

중요 내용에 밑줄 긋기

책을 읽다가 중요한 단어나 글의 소재 또는 핵심어를 발견할 경우에는 밑줄을 그어 놓고 나중에 다시 읽어 보면 내용을 기억하는 데 도움이 되고 시험공부에도 도움이 된다.

문맥을 활용해 낯선 어휘 이해하기

새로 나온 어휘에 대해서 이해되지 않으면 문맥을 전체적으로 읽어서 그 의미를 파악한다. 이는 어휘력을 향상시키고 내용을 의미 있게 이해하게 해 준다.

내용을 구조적으로 읽기

글에는 구조가 있다. 도입 단계인 서론과 전개 단계인 본론, 정리 단계인 결론이 있다. 책을 읽으면서 서론, 본론, 결론을 구분해 읽는 습관을 길들이면 무엇이 중요한지 알 수 있게 된다.

요약하기

요약하기란 글에 들어 있는 중요한 생각을 간략하게 간추리는 것을 말한다. 즉, 글에 제시된 정보와 자신의 경험을 바탕으로 글의 내용을 압축하고 주제를 찾아내는 것을 말한다. 책을 읽다 보면 내용이 늘어날수록 기억해야 할 것들이 많아진다. 따라서 책을 한 문단씩 읽으면서 정리하고 요약하는 습관을 길들이면 책 전체를 기억하는 데 용이하다. 앞에 읽은 것이 기억나지 않으면 요약한 부분만 읽으면 기억을 재생하기도 좋다. 따라서 중심 내용을 잘 파악하기 위해서는 평소 글을 읽을 때 문단의 중심 내용에 밑줄을 긋거나 단락을 묶어 제목을 짓는 습관을 들여야 한다.

메모하며 읽기

책을 읽다 보면 등장인물이 많을 때, 역사적으로 중요한 사건을 전개할 때, 내용이 복잡할 때 등의 경우 한순간 집중을 잃으면 내용 연결이 되지 않는다. 또한 앞에 읽었던 내용 중에서 중요한 내용을 되살리려고 할 때 기억이 나지 않는 경우가 있다. 이런 경우 메모를 해 두면 책의 내용을 완벽하게 이해하는 데 도움이 되고 메모 내용은 기억을 오래 유지시켜 준다.

주제 찾기

책을 읽으면서 내용에서 강조하고자 하는 주제를 찾아야 한다. 주제란 그 글의 중심 내용이기도 하고, 저자가 책에서 말하고자 하는 핵심 내용, 즉 저자의 의도나 글을 쓴 목적을 말한다. 중심 내용은 문단 안에 드러나 있는 경우와 암시되어 있는 경우가 있다. 다음과 같은 질문을 하면서 책을 읽으면 주제를 찾기가 쉽다.

- 이 글에서 내가 새롭게 배울 수 있는 내용은 무엇일까?
- 이 글의 핵심 내용은 무엇일까?
- 이 글의 주제는 무엇일까?
- 저자는 나에게 무엇을 주고 싶은가?
- 이 글은 어떤 방식으로 문제를 풀어 나갔을까?
- 저자가 주장하는 내용의 근거는 무엇일까?
- 저자가 내린 결론에 대한 내 의견은?
- 왜 이런 내용을 썼을까?

■ 읽기 후 단계

읽기 중 단계를 거친 다음에는 되뇌는 과정을 통해 복습하고 읽은 내용을 좀 더 정교하게 다듬는 과정이 필요하다. 그러기 위해서는 다른 사람에게 책의 내용을 설명하는 것도 효과적이다. 그렇게 하면 일종의 가르치는 효과가 있어서 학습 효과가 배가 된다. 그리고 그 과정에서 새로이 배운 내용을 기존 지식에 통합해 새로운 상황에 적용하는 방법을 찾게 된다. 그리하여 새로이 배운 내용으로 책의 내용을 비판하거나 창의적인 생각을 유도할 수 있다. 아울러 자신의 배경 지식을 끌어내어 재확인하거나 수정해 가면서 지식이 체계화되고 오랫동안 기억에 남게 된다.

비판하며 읽기

비판하며 읽는다는 것은 글의 진실성, 정확성 등을 판단하며 읽는다는 것이다. 저자가 문제를 바라보는 관점을 파악하고 다른 관점으로 해석하는 일, 저자의 편견을 찾는 일, 저자의 주장에 대해 정당한 근거를 내세워 평가하는 일, 저자가 독자를 설득하기 위해 사용하고 있는 표현방식 등을 파악하는 것이 그에 해당된다.

창의적으로 읽기

창의적으로 읽는다는 것은 책에서 이해한 것을 바탕으로 새로운 상황에 적용하거나 어떤 목적을 위해 책의 내용을 재구성해 통합하고 재창조하는 것을 말한다. 책의 내용을 음악, 영화, 만화, 놀이, 무용 등 다양한 매체와 연관 지어 재해석하는 것 등이 그에 해당된다.

성적을 높이기 위한 시험 결과 분석하기

시험은 어쩌다 한 번 치르는 행사가 아니다. 중간·기말고사, 각종 평가시험, 모의고사 등 한 학기에도 성격이 다른 시험이 수차례 실시된다. 시험을 철저히 준비하는 과정에서 실력이 쌓이며, 시험 결과는 개인의 미래를 결정짓는 중요한 척도로 작용한다.

시험은 현재진행형이다. 시험 성적이 높게 나왔다고 해서 만족해선 안 된다. 반대로 성적이 큰 폭으로 떨어졌어도 낙심하거나 좌절해서는 안 된다. 이전 시험 결과를 분석해 잘못된 점을 찾고 꾸준히 개선하며 실력을 키워 나가야 한다.

시험에서 지속적으로 좋은 성적을 얻기 위해서는 체계적으로 계획을 세우고 지키는 것만으로는 부족하다. 철저한 자기반성 과정인 '피드백(feedback)'을 거쳐야 한다. 피드백은 자기의 강점과 약점을 파악하여 효과적으로 개선하는 방법을 알려 주기 때문이다. 시험이 끝난 후 실망감으로 공부할 의욕을 잃은 학생에게 자신을 발전시키는 질문을 스스로에게 던져 보게 하라.

■ 지난 시험에서 성적이 낮은 과목의 요인은 무엇인가

'이번 시험에서 사회 점수가 크게 떨어진 이유는 무엇인가?' '저번 시험과 비교해 이번 시험의 난이도는 어땠는가?' 등의 질문에 스스로 질문하게 함으로써 시험 전반에 대한 자기 소감을 글로 남기게

한다. 이렇게 하면 시험을 치르면서 잘못했던 점, 개선할 점을 찾을 수 있다. 단순히 시험에 대한 느낌을 머릿속에 떠올리지 말고 지난 번 시험과 비교해 어떤 부분에서 성공했는지 또는 실패했는지를 구체적으로 적게 한다.

▣ 계획은 적절했는가

이번 시험에 대비해서 공부를 할 때 시험 계획을 잘 세웠는지, 학습량은 적절했는지, 계획한 대로 실천했는지를 스스로에게 묻게 한다. 이에 대한 답은 다음 시험을 대비하기 위한 학습 계획을 세우는 데 좋은 정보가 된다.

▣ 계획대로 잘 실천했는가

시험을 준비하는 기간뿐 아니라 시험을 치르는 기간에 어떻게 생활했는지 되돌아보게 한다. 그리고 휴대전화, TV, 컴퓨터 등 공부를 방해하는 '유혹거리'를 어떻게 물리쳤는지 집중 점검하게 한다. 만약 학생이 지난 시험기간에 TV 드라마 때문에 시간을 낭비했다면 이번 시험기간에는 똑같은 잘못을 반복하지 않도록 지도한다. 미리 대비해 두면 다음 시험을 준비할 때 유혹을 물리치는 것이 어렵지 않을 것이다.

▣ 취약과목은 어떻게 정복할 것인가

이번 시험에서 최악의 점수를 받았던 과목을 확인하게 한다. 시험 당시 취약과목의 난이도는 어땠는지, 어떤 문제에서 헤맸는지를 꼼꼼히 살핀 후 '취약과목 오답 노트'를 만들어 틀린 문제를 중심으로 그 원인을 분석하고, '관련 문제를 10문제 이상 푼다.'는 식으로 구체적인 대안을 찾는다.

■ 다음 시험을 위한 목표와 새로운 학습 계획은 무엇인가

이번 시험에 대한 반성을 토대로 다음 시험의 목표를 설정하게 한다. 어떤 부분을 가장 시급히 고쳐야 하는지, 더 나은 목표를 위해 할 수 있는 일은 무엇인지를 학습 계획표에 구체적으로 적게 한다. 그리고 다음 시험에서 가장 성적을 올리고 싶은 세 과목을 정해 전략과목으로 삼고 이를 위한 계획을 별도로 세우게 한다. 목표와 계획이 확실하면 수업시간 집중도도 높아질 것이다.

시험 습관을 바꿔 주라

지금까지 살펴보았듯이, 시험은 무작정 보는 것이 아니라 나름대로의 원리를 가지고 있다. 따라서 시험을 치는 습관도 올바르게 잡아 주는 것이 필요하다. 전략적으로 시험 습관 검사는 학생들이 시험을 어떻게 치고 있는지, 시험의 원리를 얼마나 알고 있는지를 파악하여 부족한 부분을 보충하는 데 사용한다. 시험 습관 검사의 분석 결과는 시험을 잘 보기 위한 원리와 전략을 지도하는 데 활용하면 효과적이다.

▣ 시험 습관 검사하기

다음 검사의 목적은 학생의 시험 습관이 어떤지를 알아보려는 것이다. 제시된 질문을 학생에게 물어봄으로써 시험 원리나 전략의 부족한 부분을 파악하고 효율적인 시험공부 방법을 지도할 수 있을 것이다. 해당 문항이 맞으면 '예'에, 맞지 않으면 '아니요'에 체크하라.

시험 습관 검사

순서	문항	예	아니요
1	시험 볼 때 시간이 남는다.		
2	시험 전까지 수업시간에 공부한 것을 복습한다.		
3	답을 쓰기 전에 문제를 끝까지 읽는다.		
4	시험기간에 시험 계획을 세워 공부한다.		
5	시험공부는 중요한 과목순으로 공부한다.		
6	시험 볼 때 실수하지 않기 위해 시험지를 다시 한 번 검토한다.		
7	기출문제나 문제지를 미리 풀어 보고 시험을 본다.		
8	오답 노트를 미리 검토해 보고 시험을 본다.		
9	시험문제로 어떤 것이 나올지 몇 가지는 예상할 수 있다.		
10	벼락치기 공부를 하지 않는다.		

▣ 시험 습관 지도방법

'예'에 해당하는 개수에 따라 다음과 같이 지도한다.

[A유형] 8~10개
• 시험전략을 잘 아는 유형으로 평소 시험을 효율적으로 준비하

고 있다.

- '아니요'라고 답한 것만을 찾아서 부족한 부분을 지도해 주면 된다.

[B유형] 4~7개

- 시험전략을 대충 아는 유형으로 평소 시험을 잘 보려고 노력한다.
- '아니요'라고 답한 것만을 찾아서 부족한 부분을 지도해 주면 된다.

[C유형] 0~3개

- 시험전략을 전혀 모르는 유형으로 평소 시험에 효율성이 없다.
- 전반적으로 읽기전략에 대해 처음부터 숙달되도록 지도해 준다.

문항별 지도방법

응답	분석	
	예	아니요
1	시험을 잘 보는 방법을 알고 있으므로 공부 습관을 강화하도록 칭찬이나 격려를 해 준다.	시험 볼 때 시간이 부족하다는 것은 모르는 문제가 많기 때문인데, 이런 경우에는 모르는 문제를 체크해 놓았다가 맨 마지막에 풀도록 지도한다.
2		시험 전에 공부한 것이 바로 기억날 확률이 높기 때문에 시험 보기 전에는 시험 볼 내용 중 공부한 것을 복습하도록 지도한다.
3		답을 쓰기 전에 문제를 끝까지 읽지 않으면 틀리게 답할 수 있으므로 문제를 끝까지 읽고 답하는 습관을 기르도록 지도한다.
4		시험기간에는 시험 계획을 세워 공부해야만 시간에 쫓기지 않고 모든 과목을 공부할 수 있으니 시험 계획을 세워 공부하도록 지도한다.

5		시험공부는 중요한 과목순으로 공부해야 효율적으로 할 수 있다. 따라서 과목의 우선순위를 정해서 순서대로 공부하도록 지도한다.
6		시험 볼 때 모든 문제를 풀고 바로 제출하면 실수할 수 있기 때문에 제출 전에 시험지를 한 번 더 검토하도록 지도한다.
7	시험을 잘 보는 방법을 알고 있으므로 공부 습관을 강화하도록 칭찬이나 격려를 해 준다.	기출문제나 문제지를 미리 풀어 보면 비슷한 문제나 심지어 똑같은 문제도 출제될 가능성이 많으므로 기출문제나 문제지를 미리 풀어 보고 시험을 치도록 지도한다.
8		같은 범위의 시험을 보게 될 때 오답 노트를 미리 검토해 보고 시험을 보면 틀린 문제였기에 오래 기억이 남아 다시 틀리지 않을 수 있다. 따라서 같은 범위의 시험을 볼 때는 반드시 오답 노트를 검토하고 보도록 지도한다.
9		시험문제로 어떤 것이 나올지 예상 못하는 것은 배운 내용 중에서 무엇이 중요한지를 모르기 때문이다. 따라서 공부를 하기 전에 우선 중요한 것이 무엇인지를 파악하고 그것을 중심으로 공부하도록 지도한다.
10		벼락치기 공부를 하는 것은 예습·복습을 제대로 하지 않아 한꺼번에 많은 공부를 해야 하기 때문에 효과가 떨어지므로 시험을 잘 보기 위해 예습·복습 습관을 가지도록 지도한다.

수행평가가 내신에 결정적 역할을 한다는 것을 알려 준다

우리나라에서는 학생의 전인적 발달을 평가하려는 목적으로 1999년부터 초등학교와 중학교, 고등학교에 수행평가제도를 도입하였다. 수행평가의 목적은 학습 결과나 성취 중심의 평가에서 벗어나 학습과정 평가를 지향하며 창의력과 문제 해결력을 길러 주는 데 있다. 또한 이전까지의 객관식 평가에서 벗어나 평가의 다양성을 가져옴은 물론, 학생의 자기주도 학습능력을 높이려는 목적을 가지고 있다. 수행평가는 개인차를 고려해 학생의 능동적인 참여를 이끌어 낼 수 있는 평가방식이라고 하겠다. 그러나 원래의 목적과는 달리 단순하게 과제를 제출하는 것으로 인식되고 있는 실정이기는 하다.

수행평가는 내신 성적에 중요한 영향을 미치고 있다. 실제로 내신 점수는 상위인데도 수행평가 결과가 좋지 않아 성적이 좋지 않게 나오는 경우도 많다. 따라서 좋은 성적을 얻기 위해서는 수행평가도 가벼이 보지 말고 잘해야 한다.

1 · 2 · 3학년 수행평가 교과별 성적 반영률 예

구분 과목	지필평가 1학기		수행평가	지필평가 2학기		수행평가
	중간	기말		중간	기말	
도덕 1, 2	35	35	30	35	35	30
도덕 3		70	30		70	30
국어	40	40	20	40	40	20
수학	40	40	20	40	40	20
사회	40	40	20	40	40	20
과학	40	40	20	40	40	20
체육		30	70		30	70
음악		40	60		40	60
미술		50	50		50	50
기술 · 가정	35	35	30	35	35	30
영어	40	40	20	40	40	20
한문	35	35	30	35	35	30
컴퓨터		50	50		50	50

수행평가 성적 반영률은 교과별 차이가 있지만 통상적으로 20~30% 정도로 비중이 크다. 따라서 시험을 잘 보았더라도 수행평가를 잘 못하면 상대적으로 시험의 효과가 줄어드는 것이다. 수행평가를 효율적으로 하는 방법은 다음과 같다.

■ 수행평가 방법을 주목하라

수행평가는 실기시험, 관찰, 실험실습, 토론, 논술, 리포트, 구술 시험 등으로 다양하게 이루어진다.

실기시험
음악, 체육, 미술 같은 과목에서 주로 활용하며 학생들의 지식, 기능, 태도를 직접 행동으로 나타난 것을 평가한다.

관찰

과학이나 사회 과목에서 주로 활용하며, 학생들의 지식이나 기능을 평가하기 위한 가장 보편적인 방법으로 개별 또는 집단 단위로 관찰한 것을 평가한다.

실험실습

과학교과 영역에서 주로 활용하며, 과제에 대하여 학생들이 직접 참여하여 실험이나 실습을 하고 그 결과를 보고서로 제출한 것을 평가한다.

토론

모든 과목에서 활용하며, 주로 교수-학습 활동과 평가활동이 통합적으로 수행되는 대표적인 평가방법이다.

논술

국어나 사회 과목에서 주로 활용하며, 주어진 주제에 대하여 서론, 본론, 결론으로 정리해서 서술한 것을 평가한다.

레포트

모든 과목에서 활용하며, 주어진 주제에 대하여 자료를 찾아 제공하거나 논술식으로 작성한 것을 평가한다.

구술시험

모든 과목에서 활용하며, 교사가 제시한 문제에 대한 발표나 필기시험으로 평가한다.

▣ 수행평가의 목적을 알아라

폭넓은 독서

교재 내용이나 교사 한 사람의 견해에 얽매이지 않도록 하기 위해서 폭넓은 독서를 유도한다.

수업내용의 보충

수업에서 충분히 다루지 못한 문제, 다루기 어려운 문제 등에 대해 학생이 스스로 조사해 보고 다루어 볼 수 있도록 기회를 부여한다.

비판력 배양

특정 주제와 관련 있는 여러 자료를 수집, 분석, 평가하는 과정에서 비판적 사고력을 기른다.

체계적 자료정리 훈련

학생이 지식과 수집한 자료를 체계저으로 정리하고 반증을 갖추어 명확하고 논리적·효율적으로 표현할 수 있도록 훈련한다.

학생의 반응 확인 및 평가

수업에 대한 학생의 학습과정을 모니터하고 학생의 학업성취 정도를 확인한다.

■ 만점 획득을 위한 보고서 작성전략

주제 정하기

① 교사가 주제를 정해 주는 경우

교사가 주제를 정해 줄 때는 교사가 요구하는 주제내용을 잘 파악해야 한다. 과제를 해결하기 위해서는 다음 사항을 충분히 고려해야한다.

- 과제 작성의 목적은 무엇인가?
- 어떤 부분을 정확히 보아야 하는가?
- 교사가 요구하는 것은 무엇인가? 과제의 분량은 어느 정도로 해야 하는가?
- 과제를 충분히 수행할 수 있는가?
- 과제를 해결하기 위해서 필요한 것은 무엇인가?

② 주제를 학생 스스로 결정하는 경우

교사가 학생 스스로 주제를 정하라고 하면 익숙하지 않은 학생들은 당황하기 쉽다. 따라서 좋은 평가를 받기 위해서는 주제 선정을 잘해야 한다. 좋은 평가를 받을 수 있는 주제를 선정하기 위해서는 다음 사항을 고려해야 한다.

- 해당 과목과 관련 있는 내용 중에서 흥미를 가지고 있는 주제는 무엇인가?
- 자신의 능력으로 해결할 수 있는 주제인가?
- 남들은 하지 않는 독창적이고 참신한 주제인가?

- 주제는 폭이 넓고 깊이가 있는가?

자료 수집하기

수행평가를 하는 데 가장 중요한 것은 필요한 자료를 어떻게 구하느냐다. 자료 수집은 수행평가의 유형에 따라 다르다.

- 실험이나 관찰: 직접적인 현장조사, 관찰, 측정, 실험 등
- 사진이나 텍스트 수집: 참고서, 문헌, 백과사전, 인터넷 검색 등

검토하기

수집한 자료를 정보로 만드는 과정이다. 정보로 만드는 것은 지금까지 수집한 자료를 가치 있는 자료로 만드는 것을 말한다. 수행평가를 위한 자료를 검토할 때는 다음 사항을 고려한다.

- 수행평가를 해결하기 위해서 꼭 필요한 것은 무엇인가?
- 남들은 하지 않는 독창적이고 참신한 정보는 무엇인가?
- 폭이 넓고 깊은 정보는 무엇인가?

수행평가 개요 구상하기
- 표지: 보고서의 제목, 작성자, 소속(학교명, 학년, 학번), 작성일, 담당교사, 교과목명
- 차례: 주요 주제와 하위 주제가 시작되는 페이지 기록
- 서론: 보고서 작성의 목적과 개념 설명
- 본론: 보고해야 할 정보
- 결론: 보고서 작성을 하고 배운 점, 소감

- 부록: 덧붙이고 싶은 자료나 참고사항

작성하기

① 형식에 맞게 작성한다

교사가 지정해 준 글자 모양과 크기, 줄 간격 등이 있다면 꼭 그 형식을 지켜야 한다. 아무리 글이 논리정연하게 작성되어 있어도 제출된 보고서가 형식에 맞지 않는다면 성의 없어 보일 수 있다. 따라서 글자 모양과 크기, 줄 간격 등을 최대한 지켜서 작성해야 한다.

② 맞춤법, 문법 등을 정확하게 지킨다

보고서를 작성할 때는 맞춤법과 문법을 지켜야 한다. 맞춤법과 문법을 지키지 않으면 내용이 좋아도 좋은 점수를 받기 어렵다. 덧붙여 보고서를 작성할 때는 메신저나 문자메시지에서 사용하는 이모티콘를 쓰지 않는다.

③ 객관적이고 정확하게 작성한다

보고서를 작성할 때는 '~이다' '~한다' 등의 어투를 사용하여 객관적이고 정확한 느낌을 주어야 한다. '~인 것 같다' '~일지도 모른다' 등의 모호하거나 자신감 없는 어투는 사용하지 말아야 한다.

④ 글을 인용할 때는 출처를 밝힌다

짧은 문장을 그대로 인용할 때에는 글 속에서 따옴표로 표시하고, 긴 문장을 인용할 때는 본문과 분리하여 별도의 문단으로 제시하는 것이 좋다. 글을 인용할 때는 반드시 그 출처를 명확히 밝혀야 한다.

참고로 간접 인용은 남의 글이나 생각을 그대로 인용하지 않고 요약하거나 의역 또는 해석하여 자신의 말로 바꿔 인용하는 것을 말한다. 간접 인용을 할 경우 그 내용은 자신의 글에 자연스레 녹아들어야 하고, 인용부호를 사용하지 않으며, 주석번호를 달고 그 출처를 명시하면 된다.

검토하기

- 글 전체 수준: 제목의 적절성, 주제의 일관성, 글의 구성 등
- 문단 수준: 중심 생각, 문단의 길이 등
- 문장 수준: 문장의 뜻이 분명한지의 여부, 어법, 문장의 길이 등
- 단어 수준: 적절한 단어 사용, 띄어쓰기, 맞춤법 등
- 논리성: 단락이 논리적으로 연결되어 있는가?
- 통일성: 모든 단락은 한 가지 주제로 말하고 있는가?
- 정확성: 문제와 문장, 용어부호, 문법, 철자법 등은 올바른가?
- 객관성: 사실과 증거 등 객관적인 자료를 통해 자신의 주장을 뒷받침하고 있는가?
- 구체성: 자료 및 내용 등이 구체적으로 제시되어 있는가?
- 적합성: 교사가 제시한 작성방법, 분량 등이 적합한가?
- 명료성: 정확하고 구체적이며, 명료한 용어를 사용하고 있는가?

보고서 완성하기

① 겉표지

- 리포트 제목과 부제 등은 쉽게 눈에 띄게 큰 글꼴을 사용한다.
- 학교 마크나 간단한 그림을 삽입한다.
- 이름과 학번은 굵은 글꼴이나 튀는 글꼴을 사용한다.

② 분량

분량은 과제 수행 성실도의 한 증거가 된다. 따라서 정해진 양보다 1~2장 정도는 더 쓰는 것이 좋다.

③ 본문 편집

- 문단 정렬
- 글꼴과 크기 선택
- 여백 확인
- 머리말에는 레포트 제목이나 문단 제목 넣기
- 꼬리말에는 쪽번호 달기
- 표, 그림, 그래프는 한눈에 전체 내용을 알아보기 쉽도록 배치하기
- 많은 자료를 참고하였다는 증거로 주석이나 참고문헌을 남기기

08

시험 전날과 당일 지도전략

- 시험의 보물창고 '노트 필기'
- 최상의 컨디션 유지를 위한 시험 전날 관리전략
- 시험공부 100% 효과 보는 시험 당일 전략
- 시험 전 먹는 것을 관리하라

08 시험 전날과 당일 지도전략

시험의 보물창고 '노트 필기'

하교 현장에서 오랫동안 학생들을 지도해 본 교사일수록 공부 잘하는 학생들의 노트는 분명 다르다고 입을 모아 말한다. 지금 시중에는 공부와 관련된 책들이 난무하고 있지만 그중 노트 필기에 대해 딱히 짚고 넘어가는 책은 많지 않다. 그도 그럴 것이 노트 필기라는 것이 학생라면 누구나 하는 것, 초등학교부터 대학까지 주야장천 하는 것이라 별것 아닌 것처럼 보이기 때문이다. 또한 요즘 학교에서는 유인물로 대신하거나 필기를 하지 않아도 되는 과목이 많은 것도 사실이다.

분명한 것은 공부 잘하는 학생들이 노트 필기도 잘한다는 것이다. 노트 필기는 수업내용을 이해하고 파악하는 데 도움을 주고, 수업내용을 적기 위해서는 집중을 해야 하기에 주의력이 향상되며 노트 필

기를 하는 동안에는 복습 효과가 있다는 장점이 있다. 일부 과목의 교사는 아직도 필기검사를 내신 성적에 포함하기도 한다. 노트 필기는 학교에서 성적에 포함되건 안 되건 학생이 공부한 내용을 적고 나중에 복습할 때 활용하도록 하는 것이 좋다.

인간의 기억력에는 한계가 있다. 기억한 것을 잊어버리는 속도는 대단히 빠르기 때문에 지속적으로 반복하지 않으면 아무리 머리가 좋은 학생도 남는 것이 별로 없을 것이다. 교실에서 성적이 나쁜 학생들 중 노트 정리를 소홀히 하거나 잘못 하는 학생이 많다는 사실은 이러한 이유에서다. 아무리 머리가 우수한 학생이라도 모두 기억하기가 어렵기 때문에 수업 중에 중요한 내용들은 필기하도록 해야 한다. 효율적인 노트 필기 전략은 다음과 같다.

▣ 각 과목의 단원마다 학습목표를 필기하게 한다

학습목표는 바로 그 단원의 가장 중요한 부분이며 기필코 시험에 나오기 때문에 각 과목의 단원마다 학습목표를 필기한다. 그리고 시험 보기 전에는 반드시 필기한 학습목표들을 공부한다.

▣ 수업 중에 교사가 강조하거나 시험에 출제한다고 한 부분은 강조 표시를 하게 한다

수업 중에 교사가 시험에 출제한다고 한 부분은 시험에 나오기 때문에 표시를 해 두고 시험 보기 전에 다시 훑어본다. 또한 수업 중에 특별히 강조한 부분도 표시를 해 두어서 시험 전에 꼭 다시 본다.

▣ 필기한 것은 수업이 끝난 후에 꼭 보고 복습에 활용하게 한다

노드 필기는 배운 것을 복습하는 의미에서 하는 것이다. 그러므로 필기한 것을 수업시간이 끝난 후에 꼭 보고, 집에서도 반복적으로 보고, 시험 칠 때도 보면 시험을 잘 볼 수 있다.

▣ 노트 필기는 수업을 들은 후 남는 시간에 하게 한다

노트 필기는 수업을 듣고 중요한 것을 복습하는 차원에서 하는 것이다. 그러나 필기에 너무 집중하다 보면 수업내용을 간과하기 쉽기 때문에 오히려 비효율적이 될 수도 있다. 따라서 수업을 먼저 듣고 나서 나중에 수업내용 중 중요한 부분을 필기하는 것이 좋다.

■ 수업시간에는 자유롭게, 방과 후에는 깨끗하게 필기하게 한다

수업시간에 필기를 꼼꼼히 하기란 힘들다. 그래서 수업시간에는 연습장에 자유롭고 편하게 필기하는 것이 좋다. 그리고 방과 후에 수업시간에 배운 내용을 기억하면서 걸러 낼 부분은 걸러 내며 깨끗이 필기한다. 이렇게 하면 수업 내용이 머릿속에 체계적으로 정리되고 복습의 효과가 높다.

■ 그림과 도표를 활용하게 한다

오직 글자로만 노트 필기를 하면 답답하게 보일 수 있다. 글자 대신 그림으로 나타내면 쉽게 이해하고 응용할 수 있어 기억에 오래 남게 된다. 뿐만 아니라 복합기를 이용하여 사진, 도표 등 자료를 복사해서 붙여도 좋다. 그림과 사진으로 구성된 노트를 보는 것만으로도 배운 내용에 대한 흥미를 유발하기에 충분하다.

최상의 컨디션 유지를 위한 시험 전날 관리전략

시험 전날에는 마지막으로 공부한 내용을 점검하거나 정리하는 시간으로 활용해야 한다. 그러나 시험에 대한 부담이 큰 학생들은 초조함 때문에 시험공부가 오히려 잘 안 되는 경우가 있으며, 부족한 시험공부를 하려고 밤을 새는 경우도 있다. 그러나 시험 전날 관리를 잘못하면 시험 당일에 최상의 컨디션을 유지하기가 어려워질 뿐더러 좋지 않은 영향을 미칠 수도 있다. 시험 당일에 최상의 컨디션을 유지하기 위한 시험 전날 관리전략을 살펴보면 다음과 같다.

■ 과격한 운동을 하지 않게 한다

시험공부 기간 중에 평소에 하지 않던 운동을 심하게 하는 경우가 있는데, 이것은 근육과 신경을 흥분시켜 중요한 내용의 이해와 기억에 방해가 된다. 따라서 과격한 운동은 지양하고 맨손 체조나 걷기 등 가벼운 운동을 규칙적으로 하는 것이 좋다.

■ 기출 시험지를 다시 풀어 보게 한다

시험을 보기 전에 지금 다니는 학교나 다른 학교의 지난해 기출 시험지를 구해서 풀어 보는 것이 좋다. 시험 범위가 같은 경우 똑같은 문제가 출제되기도 하고, 살짝 변형시켜 출제되기도 하기 때문이다. 그리고 기출문제를 풀면 무엇이 중요한지를 다시 한 번 점검하는 데 도움이 된다.

■ 연습문제를 풀어 보며 최종 점검하게 한다

모든 공부를 마친 후 최종 점검을 위해 연습문제를 풀어 본다. 연습문제는 지금까지 공부한 내용에 대한 테스트이기도 하지만 부족한 부분을 보충할 수 있는 계기가 된다. 자연스럽게 어떤 단원이 중요한지, 어떤 내용이 자주 출제되는지, 문제 유형은 어떤지를 알 수 있게 해 준다.

■ 시험 전날은 일찍 자게 한다

시험 전날에 밤을 새면 오히려 뇌가 피로해서 평상시보다 기억력이 떨어지기 쉽다. 따라서 시험 전날은 꼭 일찍 취침하고 충분한 수면을 취하는 것이 기억을 떠올리는 데 도움이 된다.

■ 시험 볼 때 필요한 물품을 준비하게 한다

시험 당일이 되면 긴장되어 시험 볼 때 필요한 필기도구를 빼놓고 가는 경우가 있다. 따라서 전날 시험에 필요한 필기도구나 음료수, 로션 등을 미리 준비해 두면 다음 날 당황스러운 일이 없을 것이다.

시험공부 100% 효과 보는 시험 당일 전략

시험공부를 아무리 열심히 했어도 시험 당일 충분한 실력 발휘를 할 수 있어야 한다. 시험 당일에 충분한 실력 발휘를 하기 위해서는 다음과 같이 하는 것이 좋다.

■ 시험기간에는 평상시보다 일찍 등교하게 한다

지나치게 불안하면 알던 것도 잘 생각나지 않는데, 이런 증후를 시험불안이라고 부른다. 더욱이 시험 당일에 늦기라도 하면 더욱 불안해져 시험을 못 볼 수도 있기 때문에 조금 일찍 도착해야 한다.

■ 불안과 긴장을 풀게 한다

불안한 마음이 생기면 시험에 대한 생각은 접어 두고 심호흡을 하면서 천천히 마음을 가라앉히는 것이 좋다. 적당한 긴장은 능력을 최대한 발휘하는 데 도움이 되지만 과도한 긴장은 오히려 능력을 제대로 발휘하지 못하게 한다. 혹시 시험불안이 있다면 간단한 스트레칭이라도 미리 익혀 두는 것이 좋을 것이다.

■ 시험지를 전체적으로 훑어 보게 한다

시험지를 받고 이름을 쓴 다음 급히 첫 문제부터 풀지 말고 전체 문제지를 눈으로 대강 훑어보자. 문제가 어느 정도 어려운지, 문제를 푸는 데 어느 정도의 시간이 걸릴지를 대충 생각해 본 후 풀기 시작한다. 훑어보는 시간은 3분 정도가 적당하다.

■ 쉬운 문제부터 풀고 나중에 어려운 문제를 풀게 한다

쉬운 문제부터 풀고 잘 생각이 나지 않는 문제는 따로 표시하고 넘어갔다가 나중에 다시 풀자. 확실히 풀 수 있는 문제에는 'ㅇ', 조금 생각할 필요가 있는 문제에는 '△', 풀지 못할 문제에는 '?'를 표시해 둔다. 그리고 'ㅇ' 표시된 문제부터 풀고, 다음으로 '△'와 '?' 순으로 푼다. 이 방법을 사용하면 어려운 문제에 매달리다가 시간이 부족해서 아는 문제까지 못 푸는 애석한 일은 미연에 방지할 수 있다.

■ 문항 전체를 꼼꼼히 읽어 보게 한다

성질이 급한 학생들은 문항의 앞부분만을 보고 바로 답을 체크하는 경우가 있다. 특히, 객관식 문제를 풀 때는 틀린 것을 고르는 것인지 혹은 올바른 것을 고르는 것인지 주의해야 한다. 무작정 답을 쓰지 말고 문제를 꼼꼼하게 잘 읽고 이해한 다음에 쓴다.

■ 답안지에 답을 기입할 때는 주의 깊게 하게 한다

답안지에 답을 기입할 때는 객관식 문제의 경우 답을 밀려 쓰지 않도록 주의해야 하며, 다 기입하고 나서는 답안지와 답을 다시 한 번 맞추어 봐야 한다. 만약 답안지를 밀려 쓰거나 잘못 기입한 경우에는 감독교사에게 답안지를 바꾸어 달라고 요청한다.

■ 문제를 다 풀었으면 전체적으로 다시 한 번 검토하게 한다

문제 풀이가 끝나면 시험을 끝내고 나오지 말고 남은 시간 동안 전체적으로 답을 검토하여 잘못 표기한 것이나 빠진 것은 없는지 한 번 더 확인해 본다.

■ 알쏭달쏭한 경우에는 답을 고치지 않게 한다

문제가 알쏭달쏭한 경우에는 답을 고른 다음에 나중에 다른 것이 답인 것 같아 고쳤다 지웠다 하여 고민하는 경우가 종종 있다. 이 경우 처음에 쓴 답이 정답일 가능성이 더 높다. 그러므로 처음에 쓴 답에 분명한 확신이 없다면 고치지 않는 것이 좋다.

■ 문제가 요구하는 것을 정확히 이해하고 답을 적게 한다

문제가 요구하는 것을 정확히 이해하기 위해서는 다음과 같은 사항을 점검하게 한다.

- ~을 비교하라: 두 가지나 그 이상의 사실에 대해서 따로따로 정의를 내린 다음 공통점과 차이점을 정리한다.
- ~을 증명하라: 제시된 공식이나 개념을 자세한 내용에서 전체적인 것으로 적어 나간다.
- ~을 기술하라: 관련된 사실을 하나씩 써 나가면서 적절한 예를 들어 준다.
- ~을 나열하라: 문제가 요구하는 답을 차례로 적어 나간다.

■ 주관식은 정성스럽게 적게 한다

주관식은 아는 것만큼은 최선을 다해서 적는다. 글씨는 채점자가 알아볼 수 있도록 정자로 써야 한다. 실제로 주관식을 채점하다 보면 글씨를 잘못 읽어 오답으로 채점하는 경우가 있기 때문이다. 또한 답을 모른다고 해서 빈칸을 남겨 두지 말고 정답이 아니더라도 유사한 답을 정성껏 적게 한다.

■ 시험이 끝난 직후 다음 시험만 생각하게 한다

사람은 처음 출발에서 잘못되면 다음까지 영향을 받는 경우가 많다. 마찬가지로 첫 시험에서 원하는 성적이 나오지 않아 낙담하고 실망하여 다음 시험까지 망치는 경우가 자주 있다. 이미 지나간 일을 고민한다고 달라질 것은 하나도 없을뿐더러 다음까지 나쁜 영향을 주므로 마음을 비우고 다음 시험을 준비하는 것이 좋다. 다음 시간에 더 잘 보겠다는 생각을 가지고 새로운 마음으로 시험에 임하면 한결 마음이 편해질 것이다. 잊을 것은 빨리 잊는 것만큼 현명한 일은 없다.

시험 전 먹는 것을 관리하라

학생들은 공부에 대한 노력과 스트레스로 인하여 많은 영양 섭취기 필요하다. 그렇나고 해서 과식을 하면 소화관이 불편해지며, 뇌로 가야 할 혈류가 소화관 쪽으로 몰리게 되어 집중력이 떨어질 수 있다. 따라서 과식하지 말고 반드시 소화시킬 수 있을 만큼만 자주 먹는 것이 좋다. 특히, 밤늦게까지 공부할 때 부모가 과일이나 과자와 같은 당분이 많은 음식을 주면 뇌의 활동이 활발해져서 좋다. 그러나 과식은 오히려 포만감으로 인해 집중력을 떨어뜨릴 수 있다.

기억력을 높이려면 뇌도 영양 공급이 필수적이다. 많은 연구에서 식사의 양이나 질, 먹는 시간, 방법 등을 개선하면 서서히 뇌의 활동을 촉신할 수 있다고 한다. 그러나 머리가 좋아지는 식품을 한꺼번에 많이 먹는다고 해서 단기간에 효과를 보기는 어렵다. 그보다 골고루 규칙적으로 적정량을 섭취하는 것이 기억력을 높이는 데 도움이 된다. 먹는 것을 관리하는 방법은 다음과 같다.

■ 견과류를 먹으면 뇌가 좋아진다

호두, 참깨, 잣 등의 견과류는 뇌에 좋은 식품으로 널리 알려져 있으며 기억력 향상을 돕는다. 이들 식품에는 뇌신경세포의 60% 이상을 차지하는 불포화지방산이 다량 함유되어 있기 때문이다.

■ 등 푸른 생선은 두뇌발달에 좋다

참치, 고등어, 꽁치 등 등 푸른 생선이 두뇌발달에 좋은 식품으로 권장되는 것도 불포화지방산으로 불리는 DHA 때문이다. 불포화지방산은 신경세포의 돌기를 성장시키는 데 필요한 인지질을 구성하는 기능을 한다.

■ 인스턴트 음식은 기억력을 떨어뜨린다

라면, 햄버거, 피자, 핫도그 등 가공 및 냉동 식품에는 주로 안산염이 많은데, 이는 뇌의 활동에 도움을 주는 체내의 아연 성분을 파괴한다. 또한 튀김류에는 뇌에 피로를 축적시키는 과산화지질이 많아서 기억에 도움이 되지 않는다.

▣ 과식을 피한다

사람이 식사를 하고 나면 소화작용을 돕기 위해 모든 혈액이 위장으로 모이고, 이에 뇌에는 피가 부족해져 집중이 안 되고 쉽게 멍해시게 된다. 따라서 공부할 때는 과식을 피하고 식사 후에 바로 하기보다 조금 휴식을 한 후 하는 것이 좋다.

▣ 알칼리 식품은 기억력 증진에 도움이 된다

야채류, 과일, 해조류, 우유 등의 알칼리 식품이 좋으며, 특히 체소에는 풍부한 식이섬유가 있어서 기억력에 도움이 된다. 비타민 C가 함유된 양배추나 레몬 등은 스트레스도 완화시켜 주어 기억력 증진에 도움이 된다.

■ 아침 식사를 거르지 않는다

아침 식사를 거르면 뇌에 충분한 영양이 공급되지 않아 기억력이 떨어진다. 따라서 원활한 두뇌활동을 위해서는 아침 식사를 하는 습관을 길들여야 한다.

■ 시험 당일 먹는 것을 관리한다

시험 당일에는 가볍게 먹고 당분을 섭취하면 뇌의 활동이 활발해진다. 특히, 소화가 아주 잘 되는 음식을 소량 섭취하여 소화관을 편하게 함으로써 심장에서 나오는 혈액이 뇌로 많이 가도록 해야 한다.

09

서술 · 논술형 시험 지도전략

09 서술·논술형 시험 지도전략

서술·논술형 시험에 대비하게 하라

교육과학기술부의 교육개혁대책회의에서는 '창의·인성 교육 강화 방안'으로 서술·논술형 시험을 단계적으로 확대해 내신평가 방식을 바꾼다는 정책을 밝혔다. 주요 골자는 주관식 문제를 단답형 중심에서 서술·논술형으로 30%까지 확대한다는 것이다. 이에 따라 서울시 교육청은 올해 중간고사부터 서술·논술형 문제 출제를 본격적으로 시행했다. 광주시 교육청도 2007년부터 '빛고을 학력신장 프로젝트' 사업의 일환으로 지필고사와 수행평가 등을 통해 서술·논술형 문제를 출제하도록 권장해 왔다.

실제로 모 고등학교 1학년 국어의 서술형 문제에서 겨울 아시안게임에서의 남북한 아이스하키 경기 결과를 다룬 신문 보도를 지문으로 사용하고 '한국 빙구 북한 꺾었다' '남북한 빙구 명승부 연출'

이라는 제목을 뽑은 두 신문의 보도 태도가 다른 이유를 서술하라는 문제가 출제되었다. 자료에 대한 정확한 이해와 분석 없이는 정답을 쓰기 어려운 문제였다.

일선 학교의 교사들은 서술·논술형 문제 채점의 어려움을 호소하고, 학부모들은 학생들의 혼란을 우려하였다. 서울시 교육청의 발표 이후 첫 시행된 시험에서 학생들의 성적은 5~10% 떨어졌지만 학부모들이 우려했던 것에 비해서는 큰 변화가 없었고, 다만 초등학교에서 객관식과 단답식만 접했던 중학생들의 어려움이 컸다고 한다. 하여간 기존의 단답형 주관식 형태에서 벗어나 학교마다 서술·논술형 출제 유형에 변화가 있었다는 점에 주목해야 한다.

서술형 문제는 이미 부분적으로 출제되어 왔기 때문에 큰 어려움은 없었다. 학생들이 가장 생소하게 느낀 것은 바로 논술형 문제였다. 이에 대해 교육청 담당자는 "논술형은 정기고사에서는 시간문제 때문에 출제하기가 어려워 수행평가 내에서 이루어지도록 하고 있다. 서술형의 30% 출제는 권장사항이라 학교별로 비율 조정이 가능하다."라고 밝혔다. 수능을 대비해서 글쓰기가 본격적으로 내신평가에 반영되는 것이 현실화된 것이다. 문제당 점수 비중도 높아 서술형 문제를 간과해서는 내신관리가 어려워진 셈이다. 서술·논술형 시험문제는 단순 암기로 풀 수 있는 문제가 아니라 학생들이 문항과 지문을 읽은 뒤 깊이 생각해야 답을 쓸 수 있는 문제를 주로 출제하고 있다.

서술·논술형 시험문제에 대비하기 위해 제일 중요한 것은 기본적으로 요구되는 쓰기능력을 기르는 것이다. 쓰기능력은 하루 이틀만에 완성되는 것이 아니다. 논제를 정확히 파악하고 문제가 요구하는 답변에 자기 생각을 가미해 논리적으로 전개하는 글쓰기 연습이 많이 필요하다. 쓰기능력이 숙달되면 창의적 문제 해결력과 지식의 통합적 활용능력을 높이는 공부가 필요하다. 그러자면 교과서 내용을 정확하게 숙지하고 책, 신문과 사설을 많이 읽는 것이 필요하다. 논술형 문제에서 자신의 주장을 펼치라는 문제가 나오면 단순히 독자를 설득하기 위한 글을 써야 한다. 사례를 제시할 때는 사실적인 내용을 들며, 다른 측면의 주장도 인정해야 한다.

서술·논술형 시험문제는 잘 알고 있는 문제라도 답안을 제대로 작성하지 못해 점수를 받지 못할 수 있다. 서술·논술형 문제에 친숙해지기 위해서는 먼저 기출문제에서 반복 출제되는 문제부터 확실히 익히는 것이 중요하다. 기출문제를 완벽히 소화한 다음에는 핵심 개념을 사용하는 문제순으로 난이도를 높이는 것이 중요하다. 처음부터 무리하게 고난도 문제에 집착하다 보면 의외로 기본적인 문제를 놓칠 수 있기 때문이다. 아울러 채점기준의 서술 원칙을 지켜 감점을 최대한 줄이는 것도 효과적이다. 예를 들면, 국어문제에서는 띄어쓰기와 철자법이 정확한지, 수학문제에서는 괄호·부호·등식 등 수학기호의 사용이 정확한지, 영어문제에서는 전치사·관용어·철자 등이 정확한지를 살펴야 한다.

기출문제를 풀어 보게 하라

서술·논술형 시험문제로는 보통 학생들이 얼마나 수업에 집중했고 꼼꼼하게 공부했는지를 확인하는 문제가 출제된다. 그래서 교과서 외 수업시간 필기와 유인물 등의 내용과 관련된 문제가 출제되기도 한다. 그러므로 수업을 충실히 듣고 기출문제를 충분히 풀어 보는 게 중요하다. 다음은 서술·논술형 문제로 출제되었던 기출문제와 비슷한 유형의 연습문제들이다. 연습문제를 풀어 보면서 다양한 문제 유형을 인식하고 문제를 응용해도 쉽게 해결할 수 있는 능력을 길러 주는 것이 좋다.

□ 수학 서술형 연습문제

예) 20을 구할 수 있는 식을 사칙연산을 이용해서 만드시오.

정답)

답	배점
10+10	1점
30−10	2점
2×10	3점
40÷2	4점

□ 영어 서술형 연습문제

예) 보기에서 알맞은 접속사를 찾아 쓰시오.

〈보기〉

although	as soon as	while
when	because	that

1. I phoned her _____ I found out about the accident.

2. She was so upset _____ she burst into tears.

정답) 1. as soon as (when)   2. that

□ 사회 서술형 연습문제

예) 보기를 보고 답하시오. 【총 8점】

┌─〈보기〉─────────────────────────────
│
│ 육법: 헌법, (   ), (   ), (   ), 민사소송법, 형사소송법
│
└──────────────────────────────────────

1. 빈 칸에 들어갈 법을 쓰시오. 【3점】

2. 민법에 대하여 설명하시오. 【5점】

　정답) 1. 형법, 민법, 행정법

　　　　2. 민법(民法)은 사인과 사법인 등 사적 법률주체 사이의 법률
　　　　　　관계를 규율하는 사법(私法)의 일반법이다.

채점기준

채점 항목		채점 기준	배점
1. 육법의 종류를 바르게 열거 하였는가?	상	육법의 종류를 모두 열거한 경우	3
	중	육법의 종류를 2가지만 열거한 경우	2
	하	육법의 종류를 1가지만 열거한 경우	1
2. 민법을 바르게 설명하 였는가?	상	민법을 바르게 설명한 경우	5
	중	민법을 대체로 잘 설명한 경우	3
	하	민법을 설명하였으나 미흡한 경우	1

□ 국어 서술형 연습문제

예 1) 다음 글을 읽고 물음에 답하시오.

후고구려를 세운 궁예는 원래 헌안왕의 후궁에게서 태어났다. 궁예가 태어난 날짜와 그의 이가 빨리 난 것이 불길하다면서 어린 궁예를 죽이려는 자가 있었다. 그 사실을 알아차린 유모가 궁예를 안고 도망쳐 시골에서 몰래 키웠는데, 자라던 중 유모의 실수로 궁예는 한쪽 눈을 잃었다. 이 때문에 궁예는 어린 시절 아이들에게 놀림을 당하면서 성격이 거칠어졌다.

궁예는 장성하여 절에 들어가 중이 되었지만 얼마 지나지 않아 절에서 나와 원주에 있는 양길의 부하가 되었다. 하지만 포악한 궁예는 세력을 키워 양길을 배신하고 철원에 '마진'이라는 나라를 세웠다. 화가 난 양길이 부하를 총동원해 궁예를 공격했다가 오히려 전투에서 패하였고 궁예는 이를 기반으로 후고구려를 세웠다.

그러던 중 후고구려가 건국된 지역의 호족인 왕융은 아들과 함께 궁예를 찾아와 의지하게 되는데, 그 아들이 바로 후일 고려를 세운 태조 왕건이었다. 왕건은 성인이 되어 후백제 땅이었던 나주를 점령하는 등 큰 활약을 펼치는 후고구려의 장수가 되었다.

궁예는 왕이 된 이후 자신을 미륵불이라 칭하면서, 자신의 왕비와 아들까지 죽일 정도로 성격이 포악해져 신하와 백성들 모두 이를 견디지 못하고 힘들어했다. 결국 궁예의 포악함을 참지 못한 배현경, 신숭겸, 복지겸 등 세 명의 장수는 왕건을 찾아가 새 임금이 되어 줄 것을 청했다.

왕건은 그들과 함께 군사를 일으켜 궁예를 쫓아내고, 나라를 세웠으며 우리 역사상 가장 강력한 대제국이었던 고구려의 정신을 계승한다는 뜻에서 나라 이름을 '고려'라고 했다.

어려서부터 힘이 장사였던 견훤은 장군이 되는 것이 꿈이었다. 그는 이후 공을 세워 관직을 얻고 결국 장군이 되었다. 장군이 된 견훤은 자신이 받은 보물을 여러 장수와 부하에게 나누어 주어 그들로부터 신임을 얻었다.

그러나 견훤은 첫째 아들인 신검에게 쫓겨나고 말았다. 그 후

왕건과 동맹을 맺어 신검을 굴복시키고 견훤은 다시 자리를 되찾았다. 그리고는 나라가 혼란한 틈을 타서 892년(진성여왕 6년)에 반기를 들고 일어나 여러 성을 공략하고, 무진주(지금의 광주)를 점령하여 독자적인 기반을 닦았다. 900년에 이르러 완산주(지금의 전주)에 후백제를 세우고 스스로 왕이 되었고, 이렇게 통일신라와 고려, 후백제의 후삼국 시대가 열리게 되었다.

왕건은 왕이 된 이후 고려의 경쟁 상대였던 후백제의 견훤으로부터 항복을 받아냈다. 견훤이 항복한 이유는 넷째 아들인 금강에게 왕위를 물려주려 하자 다른 아들들이 견훤을 금산사에 가두었기 때문이다. 곧이어 신라의 경순왕 또한 항복하여 신라의 땅까지 차지했으나 아직 견훤의 아들들이 있는 후백제가 남아 있었다. 왕건은 다행이 견훤의 도움으로 후백제의 항복을 받아내 마침내 935년 후삼국을 통일하게 되었다.

＊출처: 『지혜와 용기로 나라를 구한 서희』(전도근 저, 학지사, 2010)

1. 궁예가 한쪽 눈을 잃은 이유는?

2. 견훤이 왕건에게 항복한 이유를 설명하시오.

정답) 1. 궁예가 어릴 때 유모의 실수로 궁예는 한쪽 눈을 잃어 애꾸가 되었다.

　　2. 넷째 아들인 금강에게 왕위를 물려주려 하자 다른 아들들이 견훤을 금산사에 가두었기 때문이다.

예 2) 다음 글을 읽고 물음에 답하시오.

서희는 소항덕과 담판(서로 맞선 관계에 있는 쌍방이 의논하여 옳고 그름을 판단함)을 짓기 위해 당당하게 만나러 갔다.

서희는 위엄 있는 걸음으로 단상에 올라, 소항덕과 서로 맞절을 하여 예를 갖춘 후 동서로 대등한 입장에서 마주 보고 앉았다. 대국의 적장인 소항덕과 협상을 벌일 때 서희가 앉은 단 주위로는 창과 칼을 든 호위병들이 겹겹이 늘어서서 실로 삼엄한 분위기였다.

하지만 서희의 두둑한 배짱과 노련한 설득력, 자신감 넘치는 패기는 이미 적장을 압도한 채 대화가 이어졌다.

서희가 먼저 거란이 고려를 침입해 온 이유를 물었다.

소항덕이 대답하기를, "고려는 신라의 땅에서 일어났고, 우리 거란은 고구려 땅에서 일어났으니 고구려의 옛 땅은 당연히 우리의 영토다. 그런데 고려가 우리 땅을 마음대로 차지하고 있을 뿐만 아니라, 우리나라와 국경을 마주하고 있으면서도 바다 건너 송나라와만 국교를 맺고 있어 우리가 군사를 일으키게 된 것이다. 지금이라도 고구려의 옛 땅을 우리에게 돌려주고, 우리와 화친을 도모하겠다고 약속한다면 군사를 철수하겠다."라고 하였다.

결국 거란의 요구는 서희가 이미 짐작한 대로 고려의 불방 영토를 달라는 것이며, 송나라와 국교를 끊고 자기 나라와 국교를 맺자는 것이었다.

서희는 자세를 가다듬고 즉시 반박하기를, "그대의 주장은 이치에 맞지 않다. 우리 고려야말로 고구려의 옛 땅에서 일어나 고구려를 계승한 나라다. 그 때문에 나라 이름까지 고려라고 하지 않았느냐? 또 만일 국경을 두고 논한다면 거란의 동경(東京)까지도 우리의 영토가 되어야 마땅한데, 어찌 우리에게 영토를 침식했다고 하는가."라고 말했다.

서희는 이어서 말했다.

"우리 고려가 거란과 국교를 열지 못하고 있는 이유는, 압록강 유역 우리 영토에 여진족이 들어와 살면서 두 나라 사이를 가로막고 방해하기 때문이다. 앞으로 우리가 이들을 쫓아 버리고 우리 땅을 되찾아 두 나라 사이에 교통로를 개척한다면, 서로 왕래하기가 쉬워질 것이므로 그때 가서 국교를 맺는 것이 좋겠다. 그대가 군사를 이끌고 돌아가 거란의 임금에게 우리 뜻을 전한다면, 틀림없이 이를 받아들이게 될 것이다."

서희의 말은 추호의 빈틈없이 단호하면서도 사리에 들어맞았다.

서희의 단호한 태도에 소항덕은 고려가 쉽사리 양보하거나 굴복하지 않을 것이라고 생각했다. 그래서 하는 수 없이 거란 왕에게 담판 결과를 보고하고 어떻게 처리해야 할지를 물어보았다.

거란의 성종으로부터, '고려가 화친하기를 스스로 먼저 청해 왔으니 군사를 되돌리도록 하라.'는 회답이 왔다.

이렇게 해서 거란은 고려가 압록강 동쪽 280리의 땅을 소유하는 것을 정식으로 인정하는 대신, 거란과 국교를 맺고 거란의 연호를 사용한다는 형식적인 조건을 내세워 군사를 거두고 스스로 물러갔다.

이처럼 거란이 순순히 물러간 데는 여러 가지 이유가 있었다. 표면적으로는 서희의 담판에 의해서 물러간 것으로 보이지만 실질적으로는 의외로 강한 고려군과의 그동안 전투에서 별다른 성과가 없었기 때문이었다. 또한 80만이나 되는 대병력을 적지에 오랫동안 주둔시키면 거란을 둘러싼 또 다른 나라의 침략이 있을지도 모르기 때문이었다.

서희는 이러한 거란의 의중을 정확하게 간파하여 줄 것은 주고, 받아 낼 것은 받아 내겠다는 생각으로 담판을 진행한 것이다.

거란의 1차 침입을 큰 피해 없이 막아 낼 수 있었던 것은 80만 대군을 거느린 소항덕과의 담판에서 단호하면서도 슬기롭게 대처한 서희의 탁월한 자주외교의 값진 승리라 하겠다.

＊출처: 『지혜와 용기로 나라를 구한 서희』(전도근 저, 학지사, 2010)

1. 소항덕이 고려를 침략한 이유는 무엇일까?

2. 서희와의 담판 결과는 어떻게 되었는가?

3. 서희가 위대한 이유는 무엇인가?

정답) 1. 고려가 옛 신라의 땅을 마음대로 차지하고 있을 뿐만 아니라, 거란과 국경을 마주하고 있으면서도 바다 건너 송나라와만 국교를 맺고 있어 군사를 일으킨 것이다.
2. 거란은 고려가 압록강 동쪽 280리의 땅을 소유하는 것을 정식으로 인정하는 대신, 거란과 국교를 맺고 거란의 연호를 사용한다는 형식적인 조건을 내세워 군사를 거두고 스스로 물러갔다.
3. 서희는 거란의 의중을 정확하게 간파하여 줄 것을 주고, 받아 낼 것을 받아 내야겠다는 생각으로 담판을 진행하여 싸우지 않고도 강동 6주를 반환받았다.

서술형 글쓰기를 연습하게 하라

서술형 글은 설명문, 기사 등과 같이 독자에게 사물이나 현상에 대한 정보를 알려 주거나 가르쳐 주기 위한 글이다. 즉, 어떤 문제에 관하여 독자의 의문이나 궁금증을 풀어 주어 이해를 돕는 글이다.

서술형 문제에는 단어나 언어의 개념 정의, 신문이나 잡지의 해설이나 기사, 물건의 사용법이나 조작법, 행사 안내문, 설명문 쓰기, 보고서, 기사문, 전기문, 안내문 등을 쓰는 문제가 있다. 이처럼 서술형 문제에는 설명하거나 개념을 정의하는 문제들이 주로 출제되므로 정보 전달을 위한 글쓰기를 지속적으로 연습하면 어떤 문제든 자신감을 가질 수 있다.

    서술형 글은 객관적이고 분명한 성격을 지녀야 한다. 정보 전달을 위한 글을 쓸 때는 되도록 객관성을 유지하려고 노력해야 하며 지식과 정보가 분명하게 드러나야 한다. 만약 필자의 개인적인 생각이 들어간 지식과 정보는 독자에게 어떤 판단을 요구하게 되어 본연의 목적에 위배된다. 또한 읽어도 무엇을 말하는지 모르게 쓴다면 오히려 독자에게 혼란만 가중시킨다.

    서술형 글의 순서는 글의 시작과 중간 그리고 끝이라는 의미 외에 전달의 대상을 전개하는 방식까지 포함한다. 가령, 버스 노선을 알려 주는 글이라면 버스의 첫 출발지부터 마지막 정류장까지 순서대로 알려 주어야 한다. 만약 중간중간을 빼놓고 설명하거나 정거장이 마구 섞여 있다면 독자는 혼란에 빠질 수 있다.

▣ 서술형 글 쓰는 방법

서술형 글은 어떤 대상의 특성이나 필자가 알고 싶은 사실, 지식, 정보 등을 체계적으로 전달하기 위하여 쓰는 글을 말한다. 만약 동물에 대해서 설명해야 한다면 우선 동물에 대한 정보를 수집한다. 자료를 수집하는 방법은 지금까지 공부한 것을 토대로 한다.

수집한 자료를 바탕으로 자신에게 필요한 정보로 바꾸는 작업을 한다. 정리된 자료를 바탕으로 서술형 글을 쓸 때는 양식에 맞게 써야 한다. 서술형 글의 양식은 특별한 것은 없지만 통상 다음 예와 같이 구성한다.

서술형 글 양식

제목: 동물이란 무엇인가?

머리글: 글의 목적과 동기

본문

   1. 동물의 개념

   2. 동물의 변화

   3. 동물의 종류

맺음말: 요약 및 마무리

양식에 맞게 자료들을 배열하여 본문을 완성하고, 맺음말에 맞게 요약 및 마무리를 하고 정리한다. 일단 글을 다 쓰고 나면 다시 한 번 읽어 보면서 불필요한 내용이 없는지, 설명하고자 하는 내용에 빠진 것은 없는지, 문장과의 연결관계를 검토하여 완성한다.

논술형 글쓰기를 연습하게 하라

논술이란 말이나 글로써 다른 사람의 생각이나 행동에 영향을 끼치고자 하는 것으로 어떤 사실이나 정보를 독자에게 확신 또는 설득시키기 위한 글이다. 논술형 글은 남을 설득하기 위한 글이기 때문에 필자의 생각이나 주장이 뚜렷해야 한다. 사실적인 글을 잘 쓰는 학생도 설득하는 글쓰기의 어려움을 호소하는 경우가 많다. 설득하는 글은 단순한 사실을 쓰는 것이 아니며 깊은 사고작용이 필요하기 때문이다. 그러나 잘 생각해 보면 논술형 글은 자신의 느낌이 늘어가지 않고 자기 생각만 잘 표현하면 되는 글이라서 원리만 알면 더 쉽게 쓸 수 있다.

논술형 글은 먼저 문제를 읽고 그에 따라 상대방을 설득할 수 있는 자료들을 모아 어떻게 설득할 것인가를 정하고 내용을 조직해야 한다. 따라서 논술형 글은 독자와 어떻게 의사소통을 할 것인지와 문제를 해결할 수 있는 방법은 무엇인지를 찾는 것이 중요하다.

논술형 글은 그 목적에 따라 세 가지 글 쓰는 방법이 있다. 첫째로 독자가 자신의 생각에 반대하는 경우에는 자기 생각을 인정하도록 글을 써야 한다. 둘째로 독자가 자신의 생각과 같은 경우에는 더욱 확신을 가지도록 글을 써야 한다. 셋째로 자신이 생각하는 바를 구체적인 행동으로 옮기도록 글을 써야 한다.

■ 논술형 글 쓰는 방법

논술형 글의 형식에는 여러 가지가 있지만 일반적으로는 서론, 본론, 결론의 3단 구성 형식을 가장 많이 사용한다.

서론 쓰기

서론에서는 문제를 제기하고, 글을 쓰는 동기와 본문에서 다룰 문제에 대해 소개한다. 서론을 시작하는 방법은 다음과 같다.

① 결과로 시작한다. 결과로부터 시작하여 독자의 흥미를 이끈다.

　　예) 오늘날 급변하는 사회에 살고 있다. 그렇게 된 까닭은 무엇인가? 그것은 정보통신의 발달 때문이다.

② 주제로 시작한다. 주제로부터 시작하여 독자가 핵심 주제가 무엇인지를 알게 한다.

　　예) 주제가 신용이라면 우리는 신용정신을 길러야 한다. 신용정신은 서로 믿는 밑거름이기 때문이다.

③ 예를 들어 시작한다. 독자의 흥미를 일으키기 위하여 자신이 경험한 일이나 나타난 사실을 자연스럽게 주제에 맞추어 쓴다.

　　예) 우리가 공부를 하지 않는다면 어떻게 될까? 앞으로 사는 게 너무 힘이 들 것이다.

④ 뜻풀이로 시작한다. 개념이나 새로운 용어로부터 시작한다.

　　예) 충격이란 무엇을 보고 놀란 것을 말한다. 우리는 새로운 것을 보면 충격을 받게 된다.

⑤ 인용으로 시작한다. 유명한 사람의 말이나 격언, 속담 등을 인
용해서 시작한다.

예) '백문이 불여일견'이라는 속담이 있다. 백 번 듣는 것보다 한 번 보
여 주는 것이 좋다.

본론 쓰기

본론은 주장하려는 내용을 적는 것으로 주장하고자 하는 근거를
문단으로 나누어 쓴다. 중심적인 주장과 세부적인 주장의 논리적인
연결은 글의 설득력을 높인다.

결론 쓰기

결론은 본론 다음에 쓰는 것으로 전체를 마무리하는 내용으로 이
루어진다. 결론을 쓸 때는 본론에서 구체적으로 펼친 필자의 주장을
간략하게 간추려 강조하거나 본론에서 주장한 내용을 다시 한 번 강

효과적으로 논술형 글 쓰는 방법

- 설득을 하기 위해서는 지적으로도 풍부한 내용을 알아야 하며, 믿을 만한
  내용이어야 한다.
- 정확하고 확실한 정보를 제공해야 한다.
- 거짓을 말하거나 사실을 감추어서는 안 된다.
- 독자의 입장을 이해하고 고려하는 어조로 써야 한다.
- 구체적이고 명확한 용어를 써야 한다.
- 강요하지 말고 스스로 생각하여 결정하도록 써야 한다.

조한다.

　결론을 쓸 때는 문장을 간결하고 인상적으로 써야 기억에 남는다. 문장을 길고 복잡하게 쓰면 설득이 잘 이루어지지 않는다.

자신의 생각을 적게 하라

　학생들이 논술형 답안을 작성할 때는 내용을 창의적으로 생성하여 글을 쓰게 하되, 원인과 결과, 공통점이나 차이점이 드러나도록 글쓰기를 지도해야 한다. 내용을 창의적으로 생성하여 글을 쓰게 하기 위해서는 창의적인 내용 생성이 무엇인지 알려 주고 창의적인 내용 생성방법을 알려 주어야 하며, 지식을 활성화할 수 있도록 지도해야 한다.

　원인과 결과가 드러나게 글을 쓰게 하기 위해서는 원인과 결과의 개념을 알려 주고, 그것을 이용한 내용 조직방법을 알려 주고, 원인과 결과를 드러나게 하는 언어 표현법을 알려 주어야 한다.

논술형 쓰기 지도방법

쓰기 목표	주요 학습요소
내용을 창의적으로 생성하여 글을 쓴다.	창의적인 내용 생성이 무엇인지 알기, 창의적인 내용 생성방법 알기, 지식을 활성화하기
원인과 결과가 드러나게 글을 쓴다.	원인과 결과의 개념 알기, 원인과 결과를 이용한 내용 조직방법 알기, 원인과 결과를 드러나게 하는 언어 표현법 알기, 관련 지식을 바탕으로 원인과 결과가 드러나게 글 쓰기
공통점이나 차이점이 드러나게 글을 쓴다.	비교와 대조의 개념 알기, 비교와 대조의 같은 점과 다른 점 알기, 비교와 대조를 이용한 내용 조직방법 알기, 관련 지식을 바탕으로 비교와 대조가 드러나게 글 쓰기

공통점이나 차이점이 드러나게 글을 쓰도록 하기 위해서는 비교와 대조의 개념 알기, 비교와 대조의 같은 점과 다른 점 알기, 비교와 대조를 이용한 내용 조직방법을 알려 주어야 한다.

쓰기 영역에서는 지식이나 경험을 활용하도록 지도하고, 문장부호를 알려 주며, 창의적으로 글을 쓰면서 원인과 결과가 드러나게 글을 쓰도록 지도해야 한다.

■ 다르게 생각하고 써 보게 한다

학생들의 상상력을 높이기 위하여 가상의 상황을 만들어서 질문하고 답변하게 한다. 이런 질문을 통해서 학생들은 자신이 특정 상황에 놓여 있을 때 어떻게 할지를 상상해서 답변하고 그것을 글로 써 보도록 한다. 정답은 없으므로 숙제처럼 부담되지 않고 학생들이 풀기 쉽도록 질문해야 한다. 학생들이 상상력이 풍부한 내용을 많이 쓰면 높은 상상력을 가진 학생이라는 것을 판단할 수 있다.

[활동지] 다르게 생각해 보기

이 활동지에서는 특정 상황에 놓여 있을 때 학생들이 어떻게 할지를 상상해서 작성하도록 지도합니다.

다르게 생각해 볼까?

1. 자동차가 하늘을 난다면? 자동차가 하늘을 난다면 바다도 건널 수 있을 텐데. _____

2. 일주일이 10일이라면? _____

3. 학교가 없어진다면? _____

4. 석유가 없어진다면? _____

5. 하늘에 집을 짓는다면? _____

6. 바다가 육지라면? _____

7. 행복이 성적순이라면? _____

8. 공부 안 하고도 성공할 수 있다면? _____

9. 엄마가 없다면? _____

10. 친구가 없다면? _____

■ 빗대어 생각한 것을 써 보게 한다

　사물을 하나 제시해 주고 다른 사물에 빗대어 표현하게 하는 질문
을 하면 사물의 고정된 틀을 깨고 새로운 각도로 사물을 볼 수 있게
된다. 가능한 한 자유로운 각도에서 쉽게 접근할 수 있도록 친근한
사물에 빗대어 자신의 생각을 글로 써 보도록 지도한다.

다른 사물에 빗대어 표현하기

자전거를 다른 사물에 빗대어 이야기하자.

1. 사물에 빗대어: 자전거는 (타조)이다.

   왜냐하면: 자전거는 타조처럼 날씬하기 때문이다.

2. 식물에 빗대어: 자전거는 (   )이다.

   왜냐하면:

3. 생활용품에 빗대어: 자전거는 (   )이다.

   왜냐하면:

4. 먹는 것에 빗대어: 자전거는 (   )이다.

   왜냐하면:

5. 입는 것에 빗대어: 자전거는 (   )이다.

   왜냐하면:

■ 자신이 누구인가를 써 보게 한다

학생들에게 '나는 누구인가'라는 질문을 스스로에게 하고 그 결과를 글로 쓰게 한다. 이는 객관적으로 자신을 볼 수 있게 해 주어

학생의 자아 형성에 도움을 준다. 이러한 질문들은 일 년에 한두 번, 시기를 정해 놓고 정기적으로 하여 자신만의 장점을 강조한 프로필을 만들게 하면 자신의 성장 정도를 스스로 측정해 볼 수 있어 학생의 상상력을 구체적으로 키우는 데 도움이 된다.

[활동지] 내가 되고 싶은 것은 무엇이고 닮고 싶은 사람은 누구인가?

'나는 누구인가'라는 질문을 스스로에게 그리고 주위 사람들에게 해 보게 하고 그 결과를 글로 쓰도록 지도합니다. 이것은 미래 자신의 목표를 이루었을 때 닮고 싶은 사람에 관하여 작성하도록 하는 활동지입니다.

나는 ____가 될 거야

1. 나는 남들보다 _____ 능력이 뛰어나다.

2. 나의 성격은 _____이다.

3. 나의 장래 꿈은 _____ 이다.

4. 꿈을 실현하기 위해서 나는 _____대학 _____과에 진학할 것이다.

5. 꿈을 이루기 위해서 지금까지 노력해 온 일은?

나는 ____를 닮을 거야

　평소에 너무 멋져서 닮고 싶었던 위인이나 어른 혹은 친구가 있다면 그 사람에 대해서 생각해 봅시다.

1. 나는 _____을(를) 닮고 싶다.

2. 내가 그 사람을 닮고 싶은 이유는 _____이다.

3. 내가 그 사람과 비슷한 점은 _____이다.

4. 내가 그 사람과 다른 점은 _____이다.

5. 내가 그 사람보다 더 멋진 점은 _____이다.

6. 나도 _____처럼 멋진 사람이 될 수 있다!! (큰 소리로 3번 읽기)

▣ 자신만의 프로필을 써 보게 한다

학생들의 상상력을 높이기 위하여 자신의 장점을 강조해서 글로 표현하게 한다. 학생들은 이 활동을 통해서 자신감을 찾을 수 있다. 프로필을 만들 때는 자신에 대해 가능한 한 좋은 정보를 많이 얻을 수 있도록 지도한다. 아울러 멋진 모습을 찍은 사진을 함께 넣게 하면 자신에 대해 더 구체적인 개념을 형성하게 되므로 학습에 효과적이다.

▣ 요술항아리를 이용해 글을 써 보게 한다

학생들의 상상력을 높이기 위하여 요술항아리가 생겼다고 가정하고 그곳에 자신이 가장 원하는 것을 마음껏 넣도록 하는 활동이다. 학생들은 이 활동을 통해서 자신이 무엇을 좋아하는지 구체적으로 알 수 있게 되며, 가상이지만 욕구를 분출할 수 있는 기회를 얻게 되어 정신건강에 좋다. 활동 시에는 학생들이 원하는 것을 잘 표현할 수 있도록 지도해 주고, 필요하다면 잡지나 다른 자료를 덧붙일 수 있게 해 준다.

[활동지] 요술항아리 만들기

이 활동지에서는 학생이 원하는 것을 표현하고, 필요하다면 잡지나 다른 자료를 붙일 수 있도록 지도합니다.

요술항아리가 생겼어요!

뭐든 생각만 하면 가질 수 있는 요술항아리가 생겼네요. 이 항아리 속에는 무엇이 들어 있을지 상상해 보고 그 이유를 적어 보세요.

■ 나라면 어떻게 할까 써 보게 한다

이야기를 들려주고 이야기 속의 주인공이 왜 그렇게 했는지 스스로 묻고 답해 보고 자신이 이야기 속의 주인공이라면 어떻게 했을까를 적어 보게 한다. 학생들은 이 활동을 통해서 상대방의 입장에 대해 생각할 수 있는 역지사지의 정신을 배울 수 있으며, 간접적으로 다른 인물이 됨으로써 상상력을 키울 수 있다. 활동 시에는 학생이 어느 한 인물만을 편애하지 않고 공정한 시각에서 볼 수 있게 지도해야 한다.

[활동지] 나라면 어떻게 할까?

이 활동지에서는 '청개구리' 이야기를 읽고, 청개구리가 왜 그런 행동을 했으며 자신이 청개구리였다면 어떻게 했을지를 적어 보도록 지도합니다.

• 스스로 문제 만들기: 뭐든 반대로만 하는 청개구리는 왜 마지막에 엄마의 말을 들었을까?

• 답: 지금까지 반대로만 한 것이 미안해서 마지막으로 어머니의 말을 따르고 싶어 했다.

• 나라면 어떻게 했을까?: 어머니가 마지막에 유언을 남겼을 때 왜 그런 유언을 남겼는지 생각해 보고 개울가에 무덤을 만들어도 되는지 생각해 볼 것이다.

> 옛날에 청개구리와 청개구리 어머니가 살았습니다.
> 청개구리는 어머니의 말을 늘 반대로 하는 개구리였죠.
> 어느 날 어머니가 병이 나서 돌아가셨습니다.
> 죽기 전에 어머니가 유언을 남기셨습니다.
> "애야 내가 죽거든 개울가에 묻어라."
> 어머니는 이번에도 청개구리가 반대로 개울가가 아닌 다른 곳에 묻을 거라 생각하고 말하였습니다.
> 하지만 청개구리는 이번만큼은 어머니 말을 잘 들어야겠다고 생각하고 개울가에 묻었습니다.
> 어머니를 묻고 나서 어느 날 비가 내렸습니다.
> 청개구리는 비가 내려 개울가에 있는 어머니의 무덤이 쓸려 내려가지 않을까 걱정하였습니다.
> 그 후 비만 오면 어머니 무덤가에서 늘 운답니다.

|참고문헌|

경기도교육청(2007). 시험 출제 요령. 경기도교육정보연구원.

교육부(1999). 중학교 교육과정 해설(I, V).

교육부(2000). 제7차 중학교 학교 교육과정 편성·운영의 이해.

교육인적자원부(2001a). 과학-중학교 교사용 지도서.

교육인적자원부(2001b). 국어-중학교 교사용 지도서.

교육인적자원부(2001c). 사회-중학교 교사용 지도서.

교육인적자원부(2001d). 수학-중학교 교사용 지도서.

교육인적자원부(2001e). 영어-중학교 교사용 지도서.

교육인적자원부(2007). 제7차 교육과정 편성과 운영.

권봉중 역(2010). 토니 부잔의 마인드맵 북. 토니 부잔, 배리 부잔 공저. 서울: 비즈니스맵.

서울시교육연구원(2000). 시험 출제 요령.

서울시교육청(2000). 바람직한 중학생 진로교육과 학부모의 역할.

서울특별시교육연구원(2005). 학부모를 위한 진로 지도 100문 100답.

송진명 역(2007). 휴먼스킬. 다고 아카라 저. 서울: 스타북스.

이은희 역(2006). 하루 10분 초간단 기억의 법칙. 나이토 요시히토 저. 서울: 팜파스.

전도근(2009a). 명강사를 위한 명강의 비법: 새내기 강사, 명강사 만들기 프로젝트. 서울: 학지사.

전도근(2009b). 자기주도적 공부습관을 길러주는 학습코칭. 서울: 학지사.

전도근(2010a). 공부의 달인이 되는 기억력과 암기력 향상 전략(교사용 지도서). 서울: 학지사.

전도근(2010b). 공부의 달인이 되는 사고력 향상 전략(교사용 지도서). 서울: 학지사.

전도근(2010c). 공부의 달인이 되는 쓰기 전략(교사용 지도서). 서울: 학지사.

전도근(2010d). 공부의 달인이 되는 읽기 전략(교사용 지도서). 서울: 학지사.

전도근(2010e). 공부의 달인이 되는 주의집중력 향상 전략(교사용 지도서). 서울: 학지사.

전도근(2010f). 공부의 달인이 되는 하자 스터디 플래너 100일. 서울: 학지사.

전도근(2010g). 공부의 달인이 되는 학습동기 유발 전략(교사용 지도서). 서울: 학지사.

전도근(2010h). 국어 자기주도적 학습을 위한 엄마표 초등 읽기 쓰기 길잡이. 서울: 북포스.

전도근(2010i). 지혜와 용기로 나라를 구한 서희. 서울: 학지사.

충청북도교육과학원(2002). 나의 꿈 나의 미래.

저자 소개

⊙ 전도근 ⊙

　아이와 어른을 위한 평생교육을 현장에서 실천하고 있는 저자는 공주대학교 사범대학 일반사회교육과를 졸업하고, 경희대학교 교육대학원에서 교육공학을 공부하였으며, 홍익대학교 대학원에서 평생교육정책으로 박사학위를 받았다. 의정부고등학교, 의정부여자고등학교, 화수고등학교에서 16년간 학생들을 지도하였고, 강남대학교에서 5년간 강의하였다. 지금까지 교육, 컴퓨터, 요리, 자동차, 서비스 등과 관련된 50여 개의 자격증을 취득하였으며, 각 대학교, 지방자치단체, 교육청, 평생교육원, 국가전문행정연수원 및 각종 기업체 연수원 등에서 3,000여 회 이상 특강을 하였다. 제1회 평생학습대상 특별상을 수상하였고, SBS 〈순간 포착 세상에 이런 일이〉, KBS 〈한국 톱텐〉에 소개된 바 있다. 『엄마는 나의 코치』(공저) 『공부하는 부모가 공부 잘하는 자녀를 만든다』 『생산적 코칭』 『명강사를 위한 명강의 전략』 『자기주도적 공부습관을 길러 주는 학습코칭』 『국어 자기주도적 학습을 위한 임마표 초등 읽기 · 쓰기 길잡이』 등을 비롯한 100여 권의 책을 집필하였다.

우리 아이 공부의 달인 만들기
자기주도 시험공략법

2011년 4월 21일 1판 1쇄 인쇄
2011년 4월 29일 1판 1쇄 발행

지은이 | 전도근
펴낸이 | 김진환
펴낸곳 | (주)**학지사** · INNER BOOKS 이너북스

　　　　121-837 서울시 마포구 서교동 352-29 마인드월드빌딩 5층

　　　　대표전화_ 02-330-5114　팩스_ 02-324-2345

등　록 | 2006년 11월 13일 제313-2006-000238호

홈페이지 | www.innerbooks.co.kr
커뮤니티 | http://cafe.naver.com/hakjisa

ISBN 978-89-92654-45-6 03370

가격 12,000원

※ 이너북스는 학지사의 자매회사입니다.